NHK
Eテレ番組
『すくすく子育て』
公式

親って大変！

私たちの子育て手帖

マイナビ

はじめに

日本で数少ない子育て番組、ＮＨＫ Ｅテレ『すくすく子育て』のホームページには、子育て中の保護者をはじめ、子育てに関わる方からの質問と、その悩みや疑問に寄り添い、共に考える専門家のみなさんの回答が掲載されています。

この本では、番組のテーマとなったさまざまな悩みの中から、理想の育児とのギャップ、子育ての孤独感、ワンオペ育児、そして、これからの人生についてなど、ママ達の子育ての悩みにフォーカスし、いくつかのＱ＆Ａをご紹介しています。

ホームページ上のＱ＆Ａのテーマをもとに、実体験を織り交ぜ、リアルな悩みをマンガ化したのは、子育て真っ最中のママたちです。質問によっては、番組での相談内容と少し異なる場合もありますが、共感ポイントは深くつながっています。

この本を手にしたあなたの中にも、同じような想いはありませんか？　今まで胸の奥に閉じ込めていた違和感が、ムクムクと動き出すかもしれません。

毎日の子育ての中で感じていることは、あなたにとって、とても大切な気持ちです。見ないふりをせず、自分だけで抱え込まず、いろいろな形で声をあげ、パートナーや周りの人たちに伝えてください。また、今まさに繰り広げられている子育ての現状について、深く知らない周りの人たちにも、ぜひこの本を読んでいただきたいと思います。少しでも、理解を深める手助けとなれば幸いです。

子どもが育つには、その子の成長を見守るたくさんの大人が必要です。たくさんの大人が、みんなでその子の発達や成長を喜び、楽しみながら子育てできる環境へと変化していくことを心から願っています。

編集スタッフ一同

目次

第3章 ✿ 夫婦のいい関係 ～今こそ、関係を組み直すとき！～

第4章 人と、社会とつながりたい！ ～取り戻したい私の時間～ 115

第1章

いいママになりたい！
～これでいいの？ 私の子育て～

「私も素敵なママになりたい！」
思い描いていたのは、笑顔いっぱいの幸せ家族。
でも現実は、感情的に怒ってしまう、
子どもとの遊び方がわからない、
家事は予定通りに進まない……。
私の子育て、これでいいの？

これが知りたい！

余裕がなくて、子どもとうまく遊べない。どうしたら子育てに自信が持てるの？

子どもたちとうまく遊べないことに悩んでいます。長女は絵本が大好きで、絵本を読めば機嫌がよくなり、遊びで困ることはありませんでした。でも、次女は絵本に興味を示さず、どう遊べば喜んでくれるのかわかりません。家事の忙しさもあり、子どもたちの相手ができないこともしばしば。子どもとの関わりに全く自信が持てません。

どうしたら子育てに自信が持てるようになりますか？

（3歳3か月・女の子、1歳4か月・女の子のママ）

2018年11月17日放送より

子どもとうまく遊べず自信が持てない

マンガ:ぴよととなつき

10分後
できない!!
できない!!
だんっ
だんっ
カルタつまんないッ
わーい!! 勝ったー
そうなるわな…
よし!!!
じゃあお外に遊びに行こか!!
何して遊ぼうか!!
お母さんサッカーしようよ!!
じてんしゃのりたいからおして!!
えっ
あっうん

じゃあ順番に遊ぼう!!
いいよ!! 3人でサッカーしよう♪
え――… だってカイはサッカーできないもん
あっちがゴールね!!
オッケー!!
…って
カイもおいでよッ
ポッーン
シンのあしはやいんだもん
次は自転車!!!
わーい
いいよー
おかあさんちゃんとおしてよ!!
キャッ
わかってるって!! だいぶ上達したなァ
…あれ、シンは!?
まえにいるよ!!
キャッ
ボソッ
いいな… 楽しそうで
チリン
ハッ
ガーン…
ホントは3人仲良く遊びたいのに…!!!
ごめんな…
ゴーゴーッ
難しいッ
シャー

専門家のお答え!

子育てに自信がないのはあなただけじゃない。自信がないからこそ、わが子にも謙虚になれます。

✿子育てに自信がない母親は先進国のうち日本が一番多い

ある調査で「子育てに自信がない」と答えた母親の割合は、日本が一番多く、たくさんの人が自信を持てずに悩んでいます。そして、「子育ては子どもをコントロールして管理すること」だという意識もとても強いようです。しかし、子どもは非理性的ですから、そもそもコントロールできないことのほうが多いものです。

「育児や家事で手一杯でも、いつも周りの人たちを和ませる笑顔でいなければ……」

どう考えても無理なことでも、「母親ならできて当たり前」だと思わされているのかもしれません。**「よき母親」という既成概念にとらわれていませんか。**

回答
水無田 気流さん

✿自信が持てないのは現実が見えているから

このお悩みは、「すべての子育ての大変さの縮図」のようです。「ワンオペ育児」を仕事で例えるなら、難しい工事現場のリーダーを経験がない新人に任せて「ひとりでやりなさい。失敗は許されない」と要求しているようなもの。こんな状況で自信が持てるとしたら、それこそ、現実を見ていないということです。現実が見えないと、そこからの解決策も出てきません。「つらい、自信がない」と思うのは、自然で、とても大切なこと。だからこそ、次の一歩を踏み出せるのです。

私自身も、当時は子育てに自信が持てませんでした。「ちゃんと育ってくれるかな」「仕事をしながらの子育ては大丈夫かな」と、いつも不安だらけで過ごしていました。

自信がないからこそ謙虚になって、周りの人の意見を聞くことができ、また、自信がないから素直に謝ることもできます。子どもにも、「ママ、間違えちゃったかな、ごめんね」と言えるのです。ある意味、どんな自分であっても自分を受け入れられることが、本当の自己肯定感があると言えるのではないでしょうか。

回答
大日向 雅美さん

これが知りたい！

私って、「いい母」じゃないと思うんです。気持ちが抑えられず、感情的になってしまう。

二人目の子どもが生まれてから、私は「いい母」ではないと感じ、悩んでいます。

現在、上の子はイヤイヤ期で、何事にも「イヤ」と言います。わがままを言うことに、「仕方ないな」と思えるときもありますが、自分の気持ちに余裕がないときは、つい怒鳴ってしまい、その後、「どうしてこんなにイライラしてしまうんだろう」と落ち込みます。

「自分の気持ちを抑えて、子どもの気持ちになって考えてあげる母親」が理想だったのですが、実際にはそれができずに、感情的になってしまいます。

心の余裕が持てない私、「いい母」ではないのでしょうか？

（2歳7か月・女の子、1歳2か月・女の子のママ）

2016年5月28日放送より

ついつい怒っちゃう私。「いい母」になれるの？

マンガ：鳥頭ゆば

専門家のお答え!

「いつも穏やかな気持ちで笑顔」ではいられない。「いい母」のフリをする必要はありません。

✿「感情を込めて怒る」と「感情的に叱る」の違い

子育て中、「いつも穏やかな気持ちで笑顔」でいるのは無理なことです。子育てには修羅場もたくさんあります。慣れない子育てでヘトヘトにつかれてしまい、笑顔でいられないことがあっても自然です。これまで、あまり怒ることなく過ごしてきた人は、親になってはじめて思い通りにならないことに直面してカッと怒ってしまい、そんな自分に驚くこともあるかもしれません。

人間は感情の生き物です。そして、母親だって人間です。感情を込めて怒ってしまうのは当たり前のことなのです。

「感情を込めて怒る」というのは、感情を込めて「嫌だ」と言うこと。ママが感じた素直な気持ちを子どもにも伝えてみましょう。子どもが親の感情を受けて「ママは本当に悲しんでいた、怒っていた」と感じる機会もときには必要です。強いエネルギーを人からもらうことのメリットもあるのです。それを見て、「自分はいけないことをしてしまったんだ」

回答
大日向 雅美 さん

と子ども自身が気づくこともあるでしょう。

「感情的に叱る」というのは、感情的になって叩いてしまったり、芋づる式に数日前のことを引きずり出したりすることです。また、何も言わずに無視をすることも、声を荒げるよりも相手の人格を傷つけ、意図的に苦しめようとする危険性があります。**「感情を込めて怒る」と「感情的に叱る」の違いを線引きできるとよいですね。**

「自分の気持ちに余裕がないときは、つい怒鳴ってしまい、その後、『どうしてこんなにイライラしてしまうんだろう』と落ち込みます」と、あなたはご自身で十分に気がついています。自分の欠点を見て見ぬふりをしたり、言い訳をしてごまかしていないことが私はすばらしいと思います。

まじめで完璧な「いい母」になる必要はありません。世間が求める「いい母」のフリをする必要もありません。

世間が求める「いい母」像にはとらわれないことです。

「自分も人間である」と認めた上で、自分で気がついた至らないところを少しずつ埋めながら、あなたらしい母親になっていけばいいのではないでしょうか。

ママだって人間!!
ゆっくり成長していこうね…!!

これが知りたい!

SNSでは、ほかのママたちは輝いて見える。うまくいかないのは私だけ?

子どもが6か月になった今も、2、3時間おきの授乳が続き、なかなかまとまった睡眠時間が取れません。寝る時間がない、食べる時間がない、お風呂に入る時間がない、ひとりの時間がないことがこんなにつらいとは思いませんでした。

情報収集をするために、子育て中のママたちが投稿するSNSをよく利用していて、子育てグッズやアイデアを参考にしていますが、ほかのママたちを見ると、みんな上手に子育てができています。そんなママたちと自分を比較して、「どうして私はダメなんだろう」と感じます。

ほかのママはいきいきと輝いているように見えて、うまくいかないのは自分だけなのかと落ち込んでしまうのです。

どうすればいいのでしょうか。

(6か月・女の子のママ)

2016年10月22日放送より

便利なはずのSNS。見るたびに落ち込んでしまう

マンガ：んぎまむ

他人と自分を比べてつらくなる…

マンガ：んぎまむ

ブわっ
みんな、うまくやってるんだな…
育児も仕事も趣味も楽しくこなしてる
SNSで見た映えてる写真たち
なんで私はこんなにダメなんだろう
つらいのは私だけ？

専門家のお答え!

SNSは自己満足の情報ばかり。他人と比較しない。ときには〝甘え〟も大事です。

✿育児は「比較しない」のが大原則

SNSは投稿する本人の自己満足という面も含んでいます。そんな他人の自己満足の情報を見て、落ち込んでしまうほどその情報に付き合う必要はありません。育児において、他人と比較しないことは大原則です。どうしても比較してしまいそうなときはSNSを見るのをやめるなど、自分の中で基準を作ってSNSと付き合っていくとよいでしょう。

また一方で、育児疲れのはけ口にと、SNSで愚痴や打ち明け話などを具体的にしてしまうと、それに対する反応にも悩まされることがあります。愚痴をこぼすことは、大人にとっての〝甘え〟の行為であり、とても大事なことですが、SNSは育児の楽しいことやうれしいことを共有したいときに使う、**愚痴や打ち明け話は、家族やママ友などと直接会って話すなど、場面によって使い分けるといいと思います。**

回答
倉石 哲也さん

✿自分にとって重要な他者を決める

育児情報を得るために見るものといえば、以前はその多くが育児雑誌でした。雑誌では赤ちゃんを抱っこした女優さんやモデルさんが素敵なファッションで笑っていましたが、雑誌なら、「自分とは違う世界の話だ」と明確に割り切ることができました。

しかしSNSは、自分と同じ立場の一般のママたち。「あの人はできているのにどうして私はできないんだろう」と、どうしても比較してしまうことでしょう。しかし、**SNSには子育てのいい面しか出ていないことが多いものです。**たまに上手くできた料理や、きれいに片付けた部屋を撮影して公開しているのではないでしょうか。出ている人は一般の人でも、本当の日常ではありません。きっとそのママたちも、見えないところで子育てに苦労しているはずなのです。雑誌やテレビなどに登場する人、SNS上の匿名の人、近所ですれ違った人、家族…。**その中で「自分にとって重要な他者」は誰なのか。**あなたにとって重要な人との関係を大切にしていきましょう。

回答
大日向 雅美さん

これが知りたい！

「しつけをきちんとしろ」と言われて傷ついた。外出時、周りの目がとても気になります。

娘が4月から幼稚園に通っています。はじめての育児で、右も左もわかりません。最近は、家の外で人の目が気になるようになりました。電車に乗っていると子どもがぐずりはじめ、乗客に「しつけをきちんとしろ、静かにさせておけ」と言われたことがあり、深く傷つきました。そのときから電車には乗っていません。

それ以来、子どもを連れてスーパーなどへ出かけるだけでも、誰かに何か言われるのではないかとビクビクするようになってしまいました。周りの目が気になって、子どもがちょっとでもはしゃぐと、なるべく静かにさせようとしてしまいます。人の目を気にせず、もっと自信を持って子育てするにはどうすればよいのか悩んでいます。

（4歳1か月・女の子のママ）

2018年11月17日放送より

周りを気にせず、自信を持って子育てしたい!

私は自分の育児に自信が持てません
どうすれば「いい親」になれるのか本や雑誌を読みあさり、育児に関する情報にとても敏感になりました
ドッサリ!
ホギャア ホギャア
育児書
病院に行ったほうが…
ダメッ
ハァ ハァ
薬は母乳によくないのよ
ある日家族で電車に乗っていると
ゴトン
ガタン
もうすぐ着くからガマンしてね
ママー もうつかれたぁ——
こらこら静かに!
ヤダー!!
もう少しだからね~
しつけをきちんとしろよ静かにさせておけ!
ビクッ
す、すいません…
じわっ…
それ以来「誰かに何か言われるのではないか」とビクビクしています
人の目を気にせずもっと自信を持って子育てしたいのに……

マンガ:もづこ

専門家のお答え！

日本の社会は子どもに厳しい？社会は少しずつ変わってきています。

日本の社会は子どもに厳しい

日本は、コントロールができないもの、きちんとできないものにとても厳しい社会ですね。**例えばベビーカーは、自身で歩くことができないという意味で、車いすや杖の利用者と同じ交通弱者です。**それなのに、「子どもを産むのは自己責任、自分で決めたことだから親が自分でなんとかしろ」という空気がとても強い。日本はただでさえ少子化が進んでいるのに、子どもを邪険にし過ぎている。これは本当に問題です。

回答
水無田 気流 さん

赤ちゃんが泣くのは当たり前

2つの意味で、つらいと感じました。ひとつは、あなたが本当につらい体験をされて、電車に乗れなくなってしまったこと。その出来事に、怒りさえ感じます。もうひとつは、社会は少しずつ変わってきているとたくさんの方にお伝えしたいという思いがあるのですが、まだみなさんに伝えきれていないという現実があると知ったことです。

回答
大日向 雅美 さん

私は子育て支援のNPOの活動をしています。そこでは、同じように子育て中につらい経験をした中高年の人たちが、同じ経験を若いママ・パパにさせてはならないという思いで、子育て支援者となるための講座を受け、それぞれの地域で親と子に寄り添った活動をしています。そうした、優しく思いやりのある目をもっと生み出さなくてはいけないと考えています。

私は、電車で厳しい言葉を投げかけた人だけでなく、他の人が傍観者であったことにも疑問を感じます。子どもが泣いたり騒いだりしていれば視線が集まります。でもそのとき、厳しい目だけではなく、「何かお手伝いしたいけど、大丈夫?」と声をかけたいと考えている人も決して少なくありません。厳しいことを言った人に「あなただって昔は同じことをなさっていたはずです」と言う勇気をもっと持ちましょうと言いたいです。

社会にはとても優しい人と、厳しい人とが混在しています。少しでも優しい気持ちを持った人たちの声を大きくしていくためにも、**ママやパパたちが「こんなにつらい、こんなにひどい目にあった」と訴えていいのです。その声が、このままではいけないと社会を動かすきっかけになると思います。**

これが知りたい！

ママ友に「愛情が足りていない」と言われました。子どもに愛情をかけるってどういうこと？

三人の子どもを育てています。子どもが大好きで、毎日子どもと遊ぶことを楽しんでいました。ですが、義母の体調が悪くなって介護に追われるようになり、子どもとの時間が少なくなってしまいました。それでも、子どもたちと遊ぶときは、私も子どもも楽しんでいると思います。

そんなある日、「子どもがかわいくてたまらない。四人目も欲しい」とママ友に話すと、「今の三人をもっと愛してあげて。もっと母親やってあげなよ。愛情が足りてないよ」と言われました。

自分なりに子どもたちを愛していたつもりですが、そんなふうに言われると「親って何だろう」と考えてしまいます。親として愛情をかけるとはどういうことなのか、ずっと悩んでいます。

（5歳1か月・男の子、3歳9か月・男の子、1歳8か月・女の子のママ）

2018年11月24日放送より

自分なりに子どもを愛しているつもりだけど……

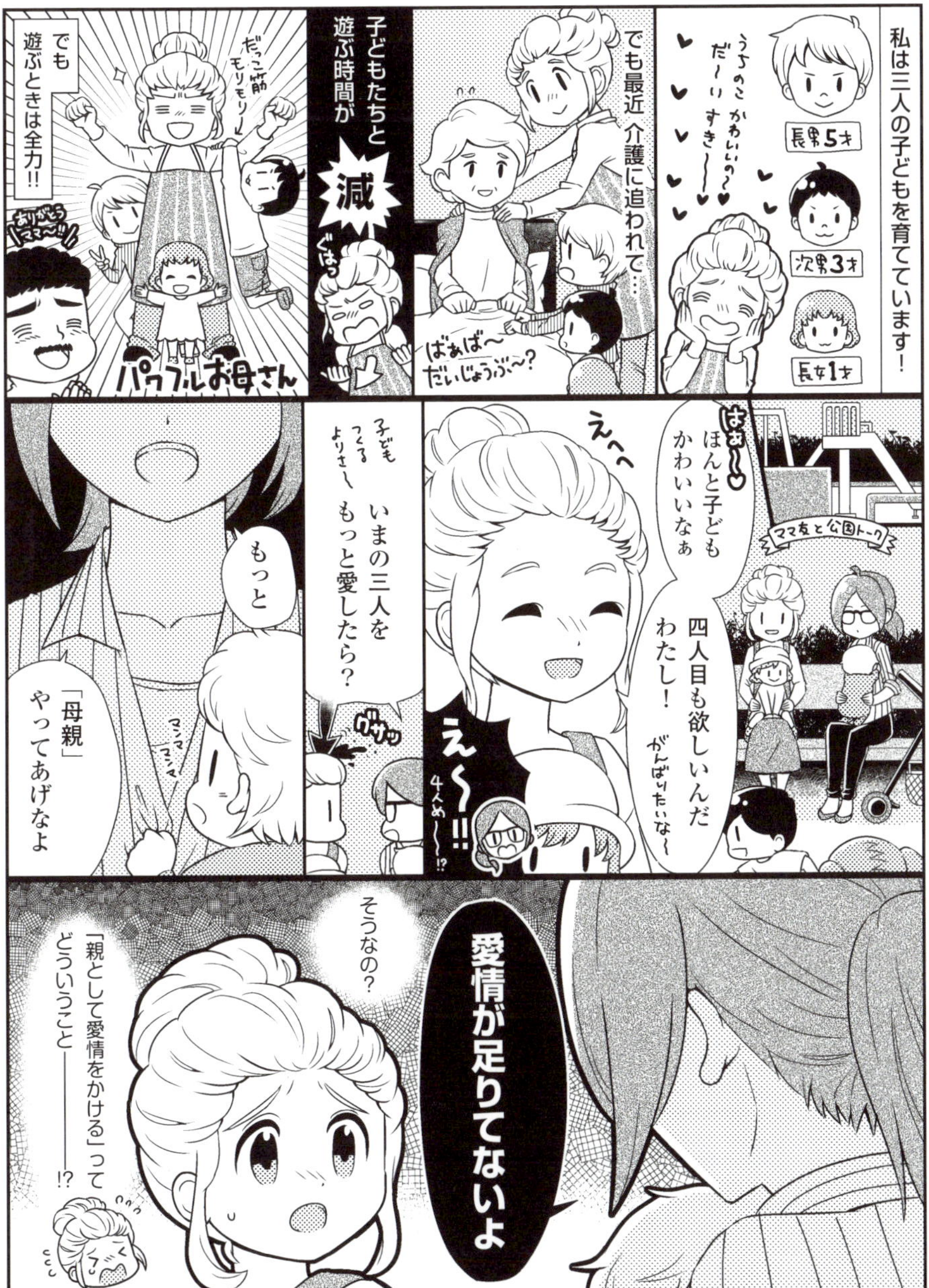

マンガ：さくらいけいこ

専門家のお答え!

関わりの時間ではなく関わりの質。周りの声ではなく自分なりの関わりを認めて。

自分を振り返るチャンスをもらったと考える

育児をしながら介護も行うダブルケアでありながら、子どもたちと楽しく遊んでいらっしゃいますね。とてもよくなさっていると思います。

世の中には、簡単に「愛情」という言葉を出して批判をする人がいまだに多くいます。また、その方は、もしかすると悪気はなかったのかもしれません。周りの人から「愛情が足りない」と言われたとしても、親子で楽しめていることがなによりの証拠。**「私は完璧ではないけど大丈夫だ」と、自分を振り返って認めてあげましょう。**そう思えるチャンスをもらったと考えてはいかがでしょうか。

回答
大日向 雅美さん

✿関わる時間が減ったことやその理由を子どもに伝える

回答
汐見 稔幸さん

ママ友は、これまでの子どもたちとの関わりを見て「自分もあんなふうにできればいいのに」と感じていた。それが、「子どもとの時間が減った」ことで、「以前のように遊んであげて」と、深い意味もなく言ったのかもしれませんね。

もし、あなた自身が「子どもと関わる時間が減った」と実感しているのなら、時間が減ったことやその理由を率直に子どもに伝えましょう。「おばあちゃんの介護が大変で、遊ぶ時間が減ってごめんね」ときちんと伝えれば、子どもはわかってくれると思います。あるいは、子どもたちに介護の様子を見せてあげれば、それが大事なことだとわかるかもしれません。介護のために子どもとの時間が減ったからといって、子どもへの愛情が不足していることにはなりません。

保育の世界では「見守る保育」が大事だといわれています。しかし、見守っているようで、実は「監視」している場合もあります。子どもは、自分の力だけでは生きていけないので、大人が自分とどう関わろうとしているのかを、いつも読み取ろうとしています。そのとき、大人のまなざしに「そんなことをしてはいけません」という「監視」の目線があると、接している時間が長ければ長いほど、子どもは不自由になってしまいます。

関わる時間よりも、関わり方の「質」のほうが大事なのです。

これが知りたい！

家事が予定通りに進まず、イライラします。本当は、もっと楽な気持ちで過ごしたい。

三人の子育てをしています。子どもの世話をしながらの家事にストレスを感じています。家事をしていても、5分に1回はきょうだいげんかなどで中断することになります。

パパは仕事から帰ってくると、休むことなくすぐに食事の準備や片付けなどの家事をしてくれます。私は育休中ですが、パパは十分やってくれているので、これ以上は頼めません。私の方が何とか工夫をして、日中、気持ちを楽にして過ごせるようにできたらと考えていますが、どんなことができるだろうかと悩んでいます。

パパが帰ってくるまでの日中、予定通りに進まない家事にイライラしてしまいます。どうしたらいいでしょう？

（5歳・男の子、2歳11か月・男の子、1歳・女の子のママ）

2017年12月9日放送より

子が乱入して家事が中断。どうすればいいの？

マンガ：あきばさやか

なので
スイッチが入らないように
家事をしながら
歌う
ハァア〜ン
パパのパンツ
踊る
ラ〜
あう
パチパチ
おどける
ジュ〜
イェ〜イ
おっくん
ママここ
だよ〜
結果
アレ…
まだ
半分も
終わって
ないのに
もう夕方…?
どっちにしろ
進まない家事
あう〜
本当に時間のないときに
やばい
来客まで
あと1時間!
ヤバッ
ドドドドド
マンマ
闘牛士のごとく
かわしてみたこともあるけど
ヒラッ
ヒラッ
ドドドド
ドドドド
ウァアアア
ギャアアー
なんで
なんでよけるの…
うわああ
ゴメン
これはとてもかわいそう
※結局
おんぶした

チーン！
バタ バタ
あいっ
子どもには家事の必要性なんかわからないからしかたないけど
ギリィ…
あいつ…ママを独占しやがって…
何度も中断させられると
あーー!!
(やめれー!!)
ママなんか食べてないよっっ
きみのご飯作ってるんだよ～
えーーん
こっちも泣きたくなります
結局
イタタタタ
おとなしくして～
(寝かしつけ中)
ぐちゃ～
寝かしつけ前に家事が終わらないこともしばしば
※パパは仕事柄遅い時間に帰宅
よし…寝たら終わってない片付けと皿洗いを終わらせて…
そしたら好きなことをするんだ…
…うふ…
ふふふふふ…
ふ………
………
ぐぅ…
1時間後
ぐっちゃら～
ズーン
←帰宅したパパ
1人でもこんな状況なのに3人!!
質問者さん…お疲れ様ですっっ
すごすぎるっっ

専門家のお答え!

予定通りに進まない家事……。そんなときは、完璧を求めずダウンシフトしてみましょう。

子育て中の家事はあきらめる部分があっていい

子どもがいれば、ほとんどのことは予定通りに進みません。そんな中、何とか家事をこなすことができている。まずは、そんな自分を褒めていただきたいと思います。

〝丁寧な暮らし志向〟といった、素敵でクリーンな家事や育児が憧れのようになっていますが、子どもがいると、そんなに素敵な暮らしはできません。**できない自分を責めるのではなく、〝あきらめること〟を前提に考えてみましょう。**

今の社会は、学校でも仕事でも、あきらめることをなかなか学ばせてくれません。「ひとつひとつきちんと頑張らないといけない」と叩き込まれ、どうしても、あきらめることにネガティブなイメージを持ってしまいます。でも、子育て中の今は、どんなに頑張ってもできないこ

回答
水無田 気流さん

とがたくさんあるのです。あきらめると言っても、永久にあきらめるわけではなく、一旦、ダウンシフト（減速し、ゆとりのある生活に切り替える）するのです。今は、完璧を求めることから、戦略的に一時、撤退するのもひとつの方法だと思います。

家族にとって何が大切かを考えてみましょう。子どもに絵本を読んであげることや、コミュニケーションが大事だと思うなら、子どもと接する時間を増やすために家事を省力化してもよいと思います。ご飯でレトルトを使うことがあってもいい。夫婦で、「今、わが家にとって何が大切なのか」と話し合ってみるのもよいでしょう。

✿予定通りに進まない姿を子どもに見せるのも大事

本当に頑張っていらっしゃると思います。子育て期は、予定通りに家事を進めるのは難しい。みなさん、いいお母さんでありたいという幻想が強くあります。家事も含めて素敵にやらなければならないという理想がある。子どもになかなか手が掛けられないという思いもあるでしょう。でも、**素敵ではなくても、予定通りでなくても、親が苦戦して頑張っている姿を子どもに見せることも、子どもにとってすごく大事なことですよ。**

回答
大豆生田 啓友 さん

子どものイヤイヤが一瞬でおさまる?!

イヤイヤ写真館

イヤイヤがはじまると、困り果ててイライラしたり、つい怒ってしまったり……。するとと、子どものイヤイヤはますます悪化。親子で負のスパイラルから抜け出せなくなります。そんなとき、その様子を写真に撮ることで、子どもの気持ちが切り替わってイヤイヤはおさまりやすくなり、ママやパパもその状況を客観的に捉えられるようになります。撮影した写真を1冊のアルバムやフォトブックにまとめれば、思い出にも残りますね。

（2016年放送 第10回大賞作品）

第2章

子育ては孤独？

～じわじわと追い詰められる日々～

日中は子どもと二人きり。
兄弟が増えればもっと大変。
ちょっとでも目を離すとヒヤリとすることばかり。
授乳、離乳食、寝かしつけ、オムツ替えに兄弟げんか。
気づくと今日も大人とひと言も話していない。
イヤイヤ期に入ると、さらに心の余裕も無くなって……。
私、どうしてこんなにつらいの？

これが知りたい！

私の行動や考え方が全部子どもに影響するの？プレッシャーを感じます。

「ダメだって言ったでしょ」と、口ぐせのように娘に言っているうちに、娘が「ダメでしょ」とお友達に注意するようになってしまいました。私のようになってしまうのかと思いこわくなります。

（3歳・女の子のママ）

2016年5月28日放送より

イヤイヤを放っておく対応をしました。すると、私の言うことを無視するようになってしまいました。私の対応を見て、嫌なことがあったら無視をすると学んでしまったのかと不安です。

（2歳10か月、3か月・男の子のママ）

2016年7月16日放送より

ほとんど私と2人きり。子どもも私みたいになるの?

マンガ：さくらいけいこ

専門家のお答え！

子どもはたくさんの刺激の中で成長していきます。親が心がけることは、子どもとの適度な距離。

✿ママは「舞台監督」になってほしい

「子どもとは適度に距離をおく」ことの具体的なイメージは、「役者と舞台監督」のような関係です。その中で、ママには「舞台監督」になってほしいと思います。

舞台に上って、主役を演じるのは子どもです。そして、子どもはママだけではなく、周囲の脇役の人たちに支えられて、徐々に輝いていきます。**親の役割は、子どもにどのような人々に関わってもらえばいいのかと配役を考えることです。**

そのためには、ママが舞台に上がるのではなく、少し距離を置いたところで様子を見守ることを心がけるといいと思います。

回答
大日向 雅美さん

✿子どもが影響を受けるのは親からだけではない

二つ目のご質問の中で、「私の言うことを無視するようになってしまった」とありますが、無視しているわけではないかもしれません。子どもは何かに集中しているときに横から声をかけられると気づかないこともありますし、声をかけられていることはわかっているけど、今やっていることをやりたい、そちらに集中したい、という気持ちが勝ってしまい、しっかり返事ができないこともあります。

もし、お母さんの中で、自分の対応が良くなかったのかな、その影響かなと気になるようであれば、少し対応を変えてあげるといいですね。

お父さん、お母さんは、子どもの振る舞いや様子を見て、自分の対応を子どもが真似しているのではないかと考えてしまうと思います。確かに、子どもは親からの影響を受けていますが、**影響を受けるのは親からだけではありません。**成長の過程で行動範囲も広がっていきますし、これからたくさんの人に出会います。親が教えていないことを覚えて話したり、行動したりすることも増えていきます。そのため、**自分の行動が子どもに影響するということを、あまり考えすぎなくてもいいのかなと思いますよ。**

回答
坂上 裕子さん

これが知りたい！

私だけがイライラしてしまうの？子どものイヤイヤ、どう対応すればいい？

息子は着替えが大嫌い。服を着せようとしても「イヤだ！」と逃げ出します。例えばお風呂上り、湯冷めしないように早く服を着させたいのですが、30分以上もかかります。最後は力ずくで着替えさせますが、このままでいいのか悩みます。子どものイヤイヤ、どう対応すればいいの？

（2歳4か月・男の子のママ）

娘がイヤイヤするたびに、イライラしてしまう自分に悩んでいます。一度イヤイヤが始まると、どこでも泣いて訴えます。外出先で大泣きされると、私もどんどん焦って、なんとかしようと思えば思うほどイライラしてきます。激しいイヤイヤが続くと、大きな声で怒ってしまうことも。

イライラしてしまうとき、どうすればいいの？（2歳4か月・女の子のママ）

2018年6月16日放送より

子どもが言うことを聞かずにイライラする！

マンガ：ぴよととなつき

「イヤイヤ」されると追いつめられて怒ってしまう

マンガ：んぎまむ

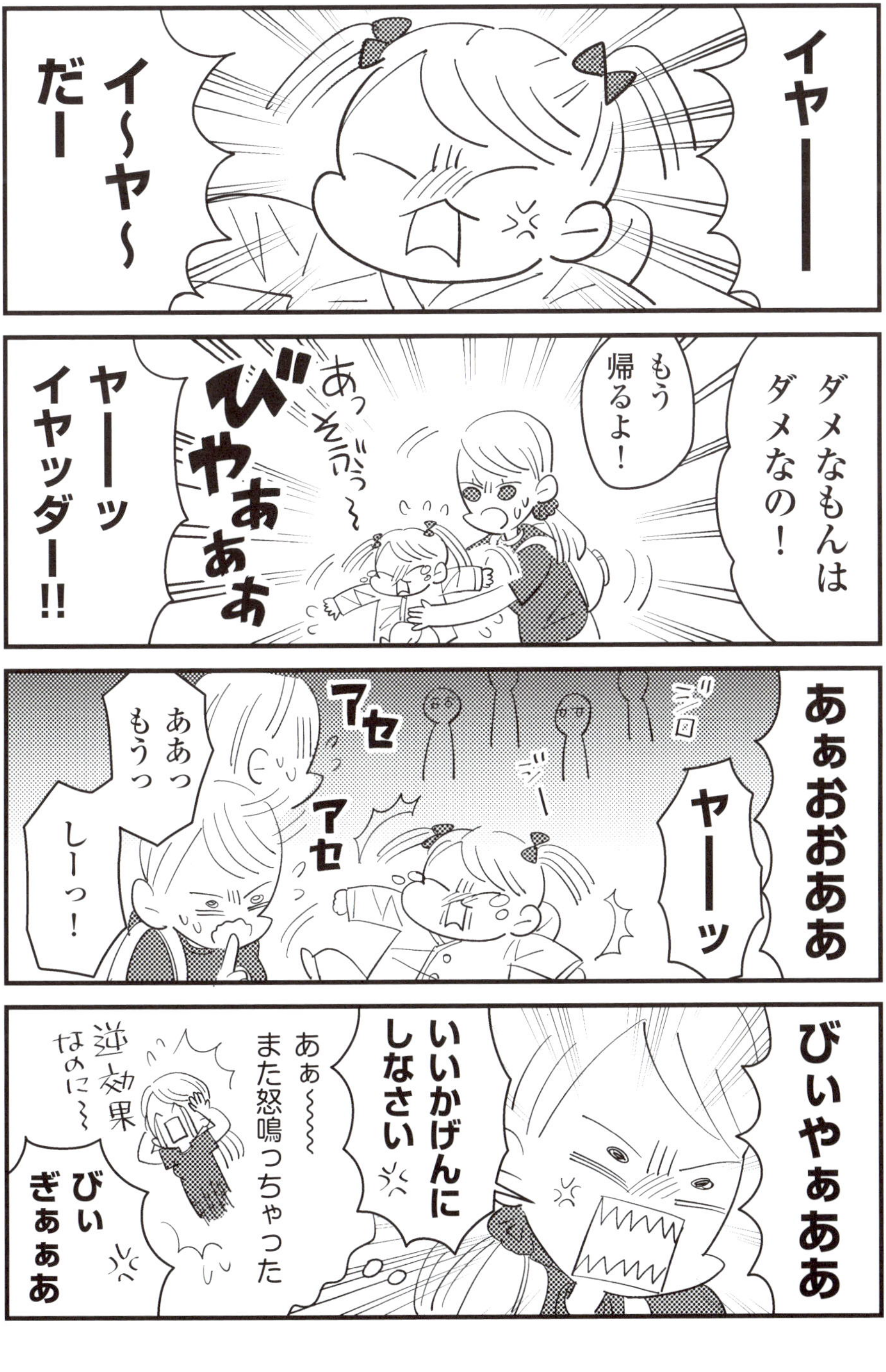
イヤーー
イ〜ヤ〜だー
ダメなもんはダメなの!
もう帰るよ!
あっそぼう〜
びやあぁあぁ
ヤーーッイヤッダーー!!
あぁおおあぁ
ヤーーッ
ジロ
ジー
アセ
アセ
ああっもうっ
しーっ!
びぃやぁあぁあ
いいかげんにしなさい
あぁ〜〜〜また怒鳴っちゃった
逆効果なのに〜
びぃぎぁぁあ

専門家のお答え!

イヤイヤ期は、自我が芽生え、自立へ向かう第一歩。その子なりの理由に寄り添い、選択肢を与えて。

✿選択肢を示して子どもに選んでもらう

〝パパやママとは違う意思を持つ自分〟ができてくる最初の時期がイヤイヤ期。自我が芽生え、自立へ向かう第一歩です。個人差はありますが、1歳後半くらいからイヤイヤが出てきます。この時期はイヤイヤは挨拶代わり。2歳ごろになると、芯のある主張が出てきて、自分で決めることにこだわり、聞く耳を持たなくなります。3歳ころになると、折り合いをつけられるようになり、状況に応じて我慢ができるようになります。

いろいろな感覚が育って敏感になる子も多くいます。例えば、洋服の肌触りが気になって着替えを嫌がる子もいます。味の違いに敏感になり、食べものの好き嫌いが出てくるのもこの時期です。イヤイヤの原因を考えてみるのも対応のポイントになると思います。

この時期は、〝自分で選ぶ〟ことが重要なテーマです。日常生活には子どもが選んでも大丈夫なことがたくさんあります。例えば、どの靴を履くか、どの道を通るかなど、親が許してあげられる範囲で選択肢を示して、子どもに選んでもらいましょう。

回答 **坂上 裕子**さん

✿子どもの世界に入ってから次に気持ちを切り替える

子どもがイヤイヤになったときは、行動を観察しながら、どういう気持ちなのか、何が苦手なのかなどを想像してみましょう。**親も、イヤイヤにどう付き合っていけばいいのか少しずつ練習していくのです。**例えば、朝起きたときは機嫌が悪いから、無理矢理だと反発するだろう、それなら少し距離を置いてみようと考えます。イヤイヤ期は、イヤイヤとの付き合い方を、親と子がお互いに少しずつ学んでいく時期なのだと思います。

まずはその子の気持ちを認めて、その後に気持ちを切り替えるのもひとつの方法です。外出前、「まだ遊んでいるから出かけるのはイヤ」となったら、「はやくしなさい！」ではなく、「これ、おもしろいね」と、子どもの世界に親が入ります。その後、「もう少し遊びたいけど、お外も楽しいかな」と声をかけると、気持ちが切り替わることがあります。

回答
倉石 哲也さん

イラスト：ぴよととなつき

✿イライラという感情を持ってもいい

イヤイヤされるのも初めてで、対処の仕方もわからない。そこで親がイライラしてしまうのは当然です。イライラしたからといって、赤ちゃんのころから築いてきた親への信頼は簡単には崩れません。むしろ、しっかり親子の信頼関係ができているからこそ、子どもは思い切ってイヤイヤできるのです。

それでも、子どもは自分をぶつけてくるので、親も身を削らないと対応できません。このとき、〝いい母〟という自分に対する基準や、〝いい子〟という子どもに求める基準が高過ぎると、さらにイライラして悲しくなり、ネガティブな感情が大きくなってしまうかもしれません。**〝いい母〟になろうとしすぎてはいないか、子どもに〝いい子〟を期待しすぎてはいないか、周りの人と話をしながら気持ちを整理してみましょう。**このような感情や経験は、〝親〟として育っていくために通る道のひとつなのかもしれません。親としてやるべきことをきちんとやっているからこそ、いろいろな感情が生まれるのです。

イヤイヤ期のときは、子どもの良い面が見えなくなりがちです。自分ひとりで子どもと向き合っているとよりひどくなってしまいますから、子どもの良いところを褒めてくれる人がいる場所に行きましょう。そうすると、「自分もよくやっている」「この子もこんなにかわいいところがある」と思えるようになります。

回答
坂上 裕子さん

✿「これは無理」と思ったら、抱きかかえてその場を去る

外でイヤイヤと泣かれると、どうしても周りの目が気になってしまうものです。そこで、周りの人たちが「どうして泣いているのかな」などと少し関わってくださると、少し気持ちが切り替えられるのですが、けげんな目で見られると余計に焦ってしまうことでしょう。

子どもの気持ちを落ち着かせるのは難しいので、「これは無理だ」と思ったら、抱きかかえてその場を去るのも方法です。そのとき「子どもが泣いているのに、周りの人たちは冷たいねえ」と自分に言い聞かせると、少し楽になるかもしれません。もしくは、周りの人たちに「申し訳ありません」と頭を下げると、声をかけてくれるかもしれません。

日々、苦労されていると思いますが、周りの人たちとの関わり方もいろいろです。いろいろと試しながら、自分の気持ちを切り替えていくのもひとつの方法だと思います。

イラスト：んぎまむ

回答
倉石 哲也さん

これが知りたい！

日中はひとりぼっちの子育て。私と子どもだけだとどうしても怒ってしまう。

長女と周りの子を比べて焦ってしまい、きちんとできるようにしつけたくなります。はじめは優しく注意するのですが、最後は怒鳴ってしまいます。今では、長女が私の真似をして「うるさい！」と言うようになりました。泣きながら「ふつうのお母さんになりたい」と役所で相談したこともあります。〝ふつうのお母さん〟は暴言をはかないし、家事も育児もこなせる人。私は完璧主義という自覚はあって、求めてしまうところが大きいのかも……。

私が泣いていると、長女がハンカチを持ってきてくれます。こんなに優しい子なのにどうしてこんなに怒ってしまうのか。頭の中ではわかっているのに口は止まりません。パパがいると冷静になれます。私と子どもだけでいるときのほうがひどいです。

（3歳・女の子、1歳・男の子のママ）

2018年2月17日放送より

パパがいるときは冷静でいられるけれど……

マンガ：もづこ

専門家のお答え!

子どもとのカプセル状態から抜け出して、第3者の存在を感じること、イメージすることです。

回答
倉石 哲也さん

嫌な部分を真似されると感情的になることを知る

お子さんが「うるさい!」とママの真似をすることも気になると思いますが、あなたが泣いているときにハンカチを持ってきてくれたことも、ママの真似なのです。子どもは、ママの優しい面もきちんと見ています。

ただ、自分が「直さないといけない」と思っている自分の嫌な部分を真似されると、その子どもの中に、〝私が許せない自分〟を見てしまい、感情的になってしまうものです。このことをわかっているだけでも、少し気持ちが落ち着きます。

「子どもにも求め過ぎているのかな」など、自分を見つめなおして、「こんな自分でもいいんじゃないか」と、自分自身に言ってあげる。このような気持ちの整理のしかたを練習していきましょう。**お子さんの成長とともに、「子どもにここまで求めるのは無理があったな」「でも、これはできるな」など、子どもと親の波長を合わせていくのです。**波長が合うにしたがって、怒りすぎてしまうことも少なくなると思います。

✿誰かの存在を感じておくことが大事

子育てのときには、第三者の存在がとても大事な要素となります。自分とお子さんだけの世界だと、自分を客観的に見ることができません。例えばパパが子どもにひどく怒っているのを見ると、「私もああなっていたんだ」と冷静になることができます。あるいは、パパが「ママの気持ち、わかるよ」と受け止めてくれたら、気持ちが落ち着きますね。

そういう意味では、自分とお子さんだけのカプセル状態から脱することが必要で、子育てひろばなどに出かけて誰かの存在を感じることも大事です。第三者がいないときは、頭の中でシミュレーションしてみましょう。「パパが隣で見てくれている」「あなたは優しいママだよ、と言ってくれた人が一緒にいてくれているとイメージする」など、自分で意図的に再現することで、第三者の目をつくることもできます。

回答
大日向 雅美さん

これが知りたい！

感情があふれて大声で子どもにキレてしまう。今後、悪い影響が出ないか心配です。

3歳の長男と1歳の妹を育てています。長男に感情的にキレてしまうことが悩みです。特に、食事や遊んでいるときのマナーなど、しつけに関わるところで怒ってしまいます。はじめは抑えているのですが、言ってもきかないと感情があふれてしまいます。お兄ちゃんは、叱っても「ごめんなさい」とすぐに謝ることが多かったのですが、妹は、私の顔を見て、私がどう反応するかを楽しんでいるようで、にやにやします。すると、私もイライラしてきて、つい大きな声でキレてしまいます。

大きな声でキレてしまうことで、今後、悪い影響などが出てこないか心配しています。

（3歳1か月・男の子、1歳2か月・女の子のママ）

2018年2月17日放送より

大声でキレてしまっても大丈夫？

マンガ：さくらいけいこ

専門家のお答え!

キレた後はママもつらい気持ちになります。キレてしまうほど、自分をいじめてしまっていませんか?

繰り返す場合は対策をする

キレた後はつらい気持ちになりますよね。自己嫌悪に陥り、心がズタズタになると思います。まずは、「怒る」と「キレる」は〝質〟が違うことをしっかり心にとめておきましょう。「怒る」には、いい子に育ってほしいという思いがあり、そこには愛があります。

一方、怒ってはいけない、優しいママでいないといけないと思って、無理に自分を閉じ込めていると、自分で自分をいじめることになります。自分をいじめ抜いたとき、もうどうしようもなくなって気持ちが爆発する。それが「キレる」です。それは、大切な子どもとの関係も断ち切ってしまうことになり、さらにつらい気持ちになるのです。**「私は必要があって怒っている」と自分を認めて、その心を抱きしめてあげてください。**

たまにであれば子どもに悪影響はありませんが、あまり繰り返すと、子どもがママの顔色を見るようになったり、理不尽な叱られ方をしたという気持ちになることもあります。

あまり繰り返すようでしたら、どこまでは我慢できて、どこから言ってはいけないことを

回答
大日向 雅美さん

言ってしまう領域に入るのか、振り返ってみましょう。そこがわかれば、その前に子どもと距離をとることもできますし、「ママはそれは許せません」と許せないことをきちんと伝えるなどの対策ができるでしょう。

また、謝ることも必要です。どんなに小さい子どもでも、説明できることは説明する、説明できないことは正直に謝りましょう。でも、謝って、子どもを抱きしめて、一緒に泣いて、それで気が済んだとしても、繰り返すのであれば、反省をしていないことになります。本当に反省しているなら、「できるだけ繰り返さない」と自分に言い聞かせましょう。

✿子どもの自尊感情に気をつける

子どもの自尊感情について知っておいたほうがよいと思います。自尊感情が下がってしまうと、何をやっても怒られる、自分はダメなんだと、子どもの意欲がなくなってしまいます。**キレないことを考える一方で、子どもを褒めることも考えていきましょう。**ママが何を思って叱ったのか、また、怒り過ぎたという気持ちを、できるだけ言葉に出して説明する習慣をつけることが大事です。説明しないでいると、子どもが成長するにしたがって「ママは何を考えているのかわからない」と思ってしまうかもしれません。

回答 **倉石 哲也**さん

これが知りたい！

子どもはかわいいし幸せだけど、ずっと一緒にいるとつらい。これって、贅沢？

子どもはかわいくて大好きで、自分自身も幸せを感じています。でも、子どもとずっと一緒にいると息が詰まることがあります。

子どもは何をするのかわからないので、「危なくないか」といつも気を張り詰めています。その状態が続くと、イライラして、つらくなって、つかれがとれなくなってしまいます。子どもを預けて働くことも考えましたが、子どものかわいさ、その瞬間を見ることができる今こそが、専業主婦の特権であるような気がします。

それでもつらいときがあって、どうしたらいいのか悩みます。

（3歳10か月・女の子、5か月・男の子のママ）

2018年7月14日放送より

子どもはかわいいけど私の時間も欲しい!

マンガ：んぎまむ

これ使ってみたーい
安全なの買ったらね
はい
シュパ
パパパ
パパ
とどかなーい
パ
はあ
かわいいけどつかれる
ギンッ
気が抜けない…
ゼェゼェ
いったん預けてみようかな…
一時保育
実家
会社!!
仕事復帰したり…

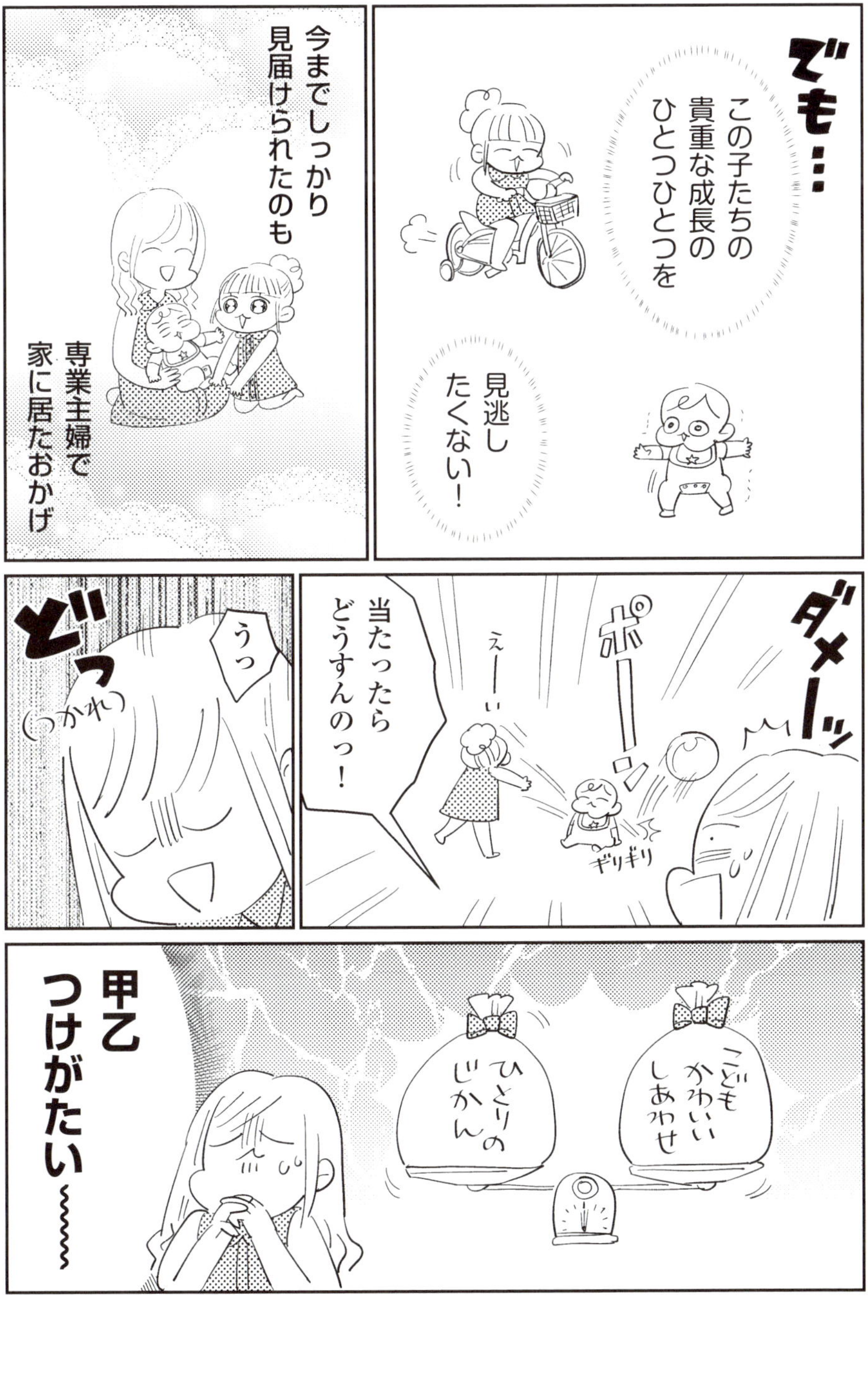
でも…
この子たちの貴重な成長のひとつひとつを
見逃したくない!
今までしっかり見届けられたのも
専業主婦で家に居たおかげ
ダメーッ
ポーーン
えーーい
ギリギリ
当たったらどうすんのっ!
どっ
(つかれ)
うっ
甲乙つけがたい〜〜〜
こどもかわいいしあわせ
ひとりのじかん

専門家のお答え!

大変な毎日の中で自分だけの時間を持つことで、その後、また笑顔で子どもと向き合えます。

回答
大日向 雅美さん

モヤモヤやつらい気持ちを大事にして

ママになって専業主婦を選んだとき、あなたは「子どもとずっと一緒にいたい」「ずっと一緒にいるべきだ」と考えたのではないでしょうか。でもそのときは、子どもとずっと一緒にいることがどういうことなのか、おそらく想像できなかったと思います。

大変だと感じることはいけないことではありません。家事や育児に追われ、子どもとしか話をしていない状況が、ひとりの大人として不自然なのだと気づくことが大事です。そう感じたら、いろいろな人と話そうと、子育てひろばに行ったり、外に出たり、次のステージへと進むことができます。**今、あなたが感じているモヤモヤやつらい気持ちを大事にされるとよいと思います。**

また、勇気をもって、子どもを預けてみてはどうでしょうか。一時預かりなどでは費用はかかりますが、リフレッシュすることで、子どもとの時間の楽しさにあらためて気づくことができるかもしれません。

「仕事をしていないのに、子どもを預けることに抵抗がある」「自分が稼いだお金ではないので後ろめたい」という声もよく聞きます。「母親なのだから子育てをがんばろう、子どもをかわいがらなくては」という思いが、いつもあるのだと思います。その重みでつらくなってイライラしてしまう。

まずは、「自分のお金ではないから後ろめたい」という意識を、「子どものため、子育てをする自分のための必要経費」と考えて払拭しましょう。ずっと緊張している大変な毎日の中で、少しでも自分だけの時間を持つことで、その後また笑顔で子どもと向き合えます。そのために必要なことだと割り切れば、その抵抗や後ろめたさも小さくなるでしょう。

後ろめたさを引きずりながら育児に戻ると、「現実は何も変わってない」と考えてしまいます。でも、「この現実を受け入れるために、自分のために時間とお金を使ったんだ」と割り切ることができれば、目の前に広がる光景も違って見えるかもしれません。そしてまた「頑張ろう」と思えたら、あなたにとっても、お子さんにとっても必要な時間だったと思えるのではないでしょうか。

これが知りたい！

友人にも夫にも専業主婦はヒマだと思われる。どうしてこんなに理解してもらえないの？

専業主婦です。夫の仕事の帰りはいつも深夜。専業主婦になったことに後悔はありませんが、モヤモヤします。

独身の友人に会うと、「仕事しているの？」と聞かれ、「専業主婦って楽しそうでいいね」と言われます。日々の忙しさをパパに共感してほしくて毎日のスケジュールを見せたのですが、「この時間は削れるよ」などと言われ、私の気持ちが伝わっていないように感じました。

私はどこで評価されるのだろう、目標はどうしたらいいのだろうと思います。どうして専業主婦はこんなに理解してもらえないのでしょうか。

（2歳6か月・男の子のママ）

2018年7月14日放送より

専業主婦だって大変なんです！

マンガ：さくらいけいこ

朝早く起きて
おはようございます
掃除して洗濯して
ゴー
ご飯作って食べさせて
いってきます～！
あ～ん
食器洗って
おむつ替えて…
キュッ！
毎日やることいっぱいだし
自分の思い通りには進まないし
楽ではないのに!!
…と思ったり…
グラグラ
やることA
やることB
やることC
やることD
やることE
きゃ～～!!
はなっ!? 血だらけ!!
ほじったらでたー
そりゃ出る
ダーダラー
今日も突然のはなぢ
子どもと遊んでいるときも
危なくないかなって
うんしょ うんしょ
気を張り詰め…
砂…食べないかしら…
ママ～ こっちほって～
わかった
じ～っ
ヒィィィ～～ン
子どもを育てることがこんなに大変だなんて!!
子ども産むまでわからなかった～～!!
静かな時は大体へんなコトしてる(子)
ママ友とのほどよいつき合いかた
電車は一駅ごと下車
おふろで
休日にかぎって子は早起き(早朝)
買ったおもちゃ3日で破壊 高かったのに!!
子どもはひとりで眠らない ※要添い寝
食事は常に早食い(大人) 味わえない…
自由時間深夜のみ
どしたの
？
きっと友人も同じなんだよね
知らないだけで…

なんとかしなきゃ
ドヨン
ハッ
そうだわダンナに…!
あなた〜!!
お仕事中ごめんね!!
これ見てほしいの!!
こんなにいろいろあるんだよ毎日!!
バァ〜ン!!
日々のスケジュール帳
ドキドキ ドキドキ
ふーーむ
パラ
パラ
この時間とか削れるんじゃない？
ココとか〜 あっココも
ガ〜〜ン!!
え〜〜〜!?
そんなぁ〜〜〜
パタム
しゅん…
ママ〜
だっこ♥ だっこ♥
「育児は当たり前」と思われていて
それでは私はどこで評価されるのか…
目標はどうしたらいいの？
どうして専業主婦はヒマと思われるの？
こんなにも理解してもらえないものなの…？

専門家のお答え!

24時間、年中無休で子どもと向き合う専業主婦。その大変さ、本当にわかってほしい人は誰？

認めてほしい人にこそわかってもらう闘いを

簡単に「楽しそうね」とか、「この時間は削れる」なんて、言ってほしくはありませんよね。小さなお子さんは思い通りに動いてはくれないし、家事も育児も大変。自分のペースでなんて物事を進められない。朝から晩まで24時間、子どもと向き合って、休日も何もない専業主婦の大変さには筆舌に尽くしがたいものがあります。でも、その大変さをすべての人にわかってもらうのは難しいかもしれません。

それに、もし子育ての経験のない友人に「専業主婦って大変そうね」と言われたらどうでしょうか。かえって落ち込んでしまうかもしれません。

でも、私たちはやっぱり誰かに認めてほしい。

「本当は誰に認めてもらいたいのか」をあなたの中ではっきりさせておくことです。

ママたちが一番共感してほしいのは、身近にいるパパではないでしょうか。だとしたら、しっかりとパパと闘うべきです。しっかりとスケジュール表をお見せになったこともある

回答
大日向 雅美さん

のですから、もう一歩進めて、「休みの日は半日子どもを見てほしい」など話し合ってみましょう。

パパと話し合うときに大事なことは、パパにも言い分があるのではと考えることです。一家の生計を立てるため、外に出て厳しい仕事をしている。その大変さを想像して、その上で「パパの大変さも理解している。だから私のこともわかってほしい」と、相互互換的に交渉していくような闘いを試みてみませんか。

「すくすくアイデア大賞」から厳選アイデアを紹介

ひとり遊びが楽しくなる! その間に家事も進みます!

入れるだけで手作りBOOK

一緒に遊んであげたい気持ちはあっても、そうはいかない時間帯、ありますよね。

写真を入れるポケットアルバムに、子どものお気に入りを入れておくとじっと眺めたり、ポケットの上から触ったり、取り出して遊んだり。

雑誌やチラシの切り抜き、ママやパパが描いた大好きなキャラクターの絵、いらなくなったポイントカードなど、アイデア次第でなんでも宝物になりますよ。

(2009年放送 第3回大賞作品)

第3章

夫婦のいい関係

～今こそ、関係を組み直すとき！～

家事も育児もママだけがするもの？
共働きも専業主婦も、ワンオペはもう限界！
「かわいい子どもと一緒にいられて幸せだろ？」と
家事も子育ても手伝わず、スマホが友達のパパ……。
夫婦は共に人生を歩んでいくパートナーじゃないの？
今こそ、夫婦の関係を組み直す時！

これが知りたい！

ワンオペ育児に悩む私たち、どうすればいいの？

ワンオペに悩む全国のママたちから、つらい現状が送られてきました。

「夫と息子は平日朝10分程度しか顔を合わさず、夜、息子が寝てから帰宅。休日もほとんど家にはおらず体調を崩したときは本当に地獄」

「共働きで夫の帰宅は23時前後。保育園へ迎えに行ってから寝かしつけまでワンオペ。つかれているときは疲弊とイライラで頭がおかしくなりそう」

「育休中は育児も家事も妻がして当たり前と思っている。たまの休みはリフレッシュが必要とゴルフにスノボ、昼までダラダラ寝る。この先ずっとワンオペかと思うと、すごくブルーになります」

「私の指示待ちで自発的に動こうという姿勢がなく、結局、家事も育児も私になってしまい、平日より週末にどっとつかれる」

「離乳食の準備をしているとき、子どもが泣き叫んでいても、となりでスマホのゲームや昼寝をしている」

2017年4月22日放送より

みんなの"ワンオペ"格闘ストーリー

Aさんの場合

Bさんの場合

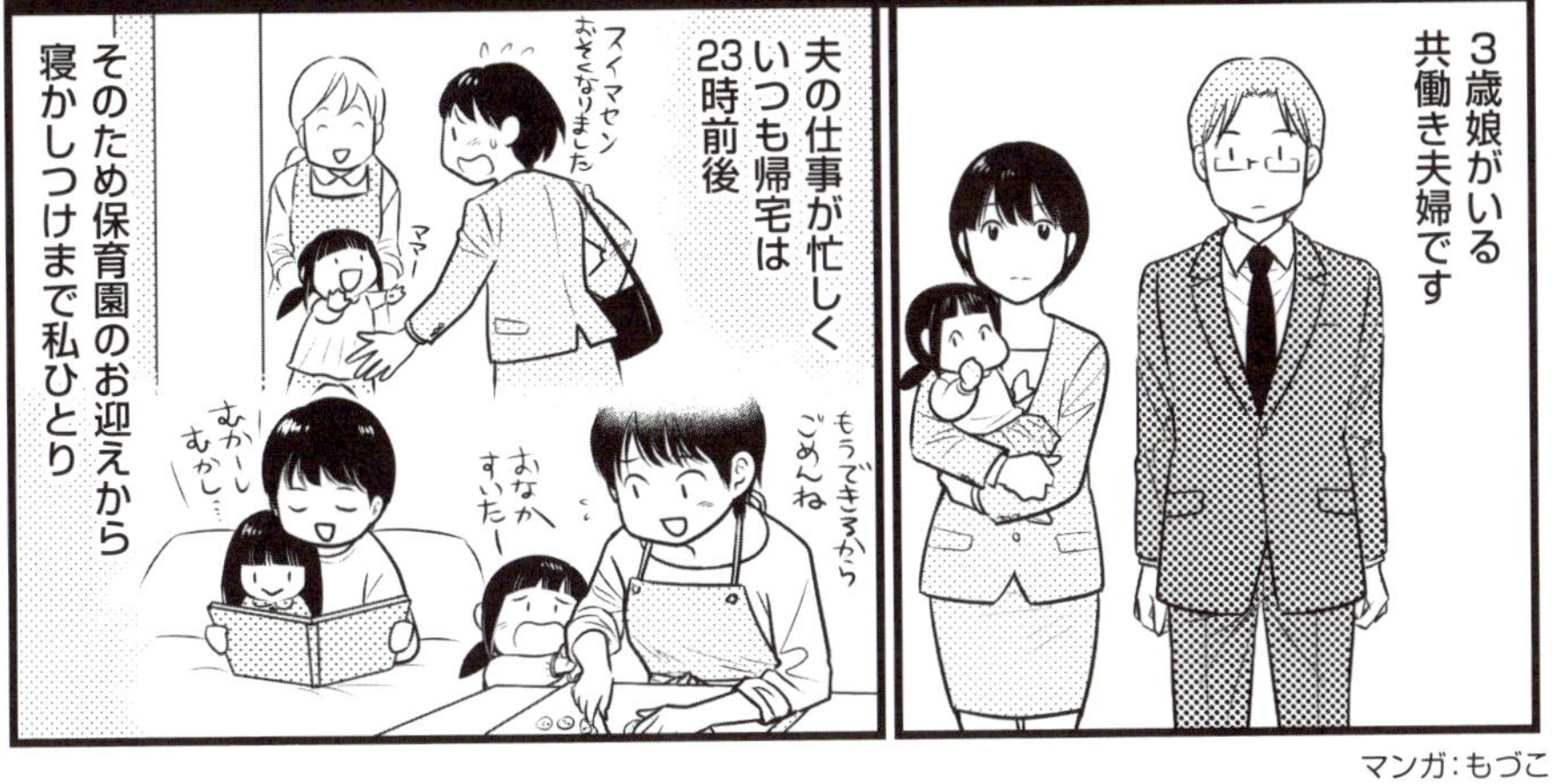

マンガ：もづこ

私も仕事でクタクタの日だってあります
ぐったり…
つかれた…早く横になりたい
ほら遊んでないで早く食べて
あっ
もうなにやってるの!
そんなときでも育児は休めません
疲弊とイライラで頭がおかしくなりそうです……
もーママのほうが泣きたいよー!
Cさんの場合
共働きですが長女が誕生し現在 私は育休中です
夫は育休中は育児も家事も妻がして当たり前と思っているようです
夕飯まだ?
ハラへったんだけど

Dさんの場合

Eさんの場合

専門家のお答え！

共働きも専業主婦も、ママは休む時間が必要です。気づかないパパにはハッキリ伝えることからはじめて。

✿ママたちの孤独にパパたちは気づいていない

「パパは平日忙しいから」など、育児をしない言い訳を考えてあげる必要はありません。共働きのママだけでなく、専業主婦のママも、フルタイムで育児と家事をしているのです。ママも休む時間が欲しいというのは当然です。

だらだらとスマホで遊んだり、スノボやゴルフに行ってしまったりするのは「いけません」とハッキリさせる必要があります。

父親の育児に関して、現状は全く「イクメン（育児に積極的なパパ）が増えた」などとは言っていられないということを、しっかりと認識しなくてはいけません。

ママたちがひとりで抱え、遠慮して何も言えずに孤独になり、追い詰められていく。そのことに、パパたちは本当に気づいていないのです。そこに気がつき、心から「なんとかしなければ」と思えてはじめて、「会社や上司に掛け合ってみよう」といった行動に移せます。また、会社側はそうした要望に対して「ノー」と言わない社会になりつつあります。

回答
大日向 雅美さん

✿ハッキリ言わないとママのつらさは伝わらない

私も、さまざまな場所でママたちにインタビュー調査をしたときに、全く同じような話を聞きました。一方で、パパは「そんなにつらかったら言ってくれたらいいのに」と口を揃えて言うのです。ママからすると「それぐらい言わなくてもわかってほしい」という話になります。

私も三人の子どもの父親ですが、実際に子どもたちが小さかった頃の自分を振り返ってみると、ママの大変さは本当にはわかっていなかったと思います。

ですから、**あなたの大変さをはっきりとパパに伝えましょう。やってほしいこと、わかってほしいことがあればそれを伝えましょう。**待っていても何も変わらないのです。伝えることで、解決に向かって進んでいけるはずです。

回答
大豆生田 啓友さん

これが知りたい！

専業主婦です。家事は私がする約束だったけど、パパに苦労を共感してもらえなくて、つらい。

出産をきっかけに仕事を辞めて、専業主婦になりました。パパが家事をしないことに悩んでいます。実は、結婚のときに「オレはやらないよ」と宣言されていました。

専業主婦なので、パパは仕事を、私は家事をメインにするのは納得していますし、仕事が大変なのもわかります。ただ、土日は私もちょっと休みたい。専業主婦なら、パパに頼らずに家事をひとりでするべきなのでしょうか？

（1歳8か月・双子の男の子のママ）

2017年12月9日放送より

専業主婦はひとりで育児も家事もするべきなの?

マンガ：内野こめこ

ただいまー
ぐちゃっ…
……なんでこんなに散らかってんの？
昼間何してんの？
俺の夕飯どこ？
ハァ～？
見ればわかるでしょ!?
大変なんだってば！2人もいるし全然手が空かないし
パパもちょっとは手伝ってくれても…
ママ～～ッ
うわあ～
えーだって俺は仕事してるんだよ？
家事はお前の役目だって結婚するとき約束したじゃん

…それは…
そうだけど…
うっ
実際家事なんて
大した事ない
はずだろ？
お前が楽できるよう
家電はいろいろ
買ってあるんだから
でも…
土日ぐらいちょっとは
何かしてくれても
いいじゃない！
ハハハ
おい
おい
私に休みは
無いんですけど!?
ママ～
土日でも
子どもの相手も
家事も全部が私…
ぐい
ぐい
いたい
ぐい
せめて
この大変さを
わかってほしい！

専門家のお答え！

家庭は夫婦二人で作るもの。パパが家事や子育てにコミットすることで家庭が変わります。

✿夫婦で家庭を作るという強い意識を持つことが大切

このようなパパに、私が声を大にして言いたいのは、家事はちょこちょこできるものではないということです。妻が専業主婦なのに、夫が家事をすると専業主婦の意味が無いといった話をする人が多くいます。その発想は、家事代行業者の家政婦さんなどのサービスを購入している消費者の考え方です。マーケットの場であれば当てはまりますが、家庭はマーケットではありません。

家族は経済の論理ではなく、生活の論理で成り立っているはずです。**夫婦二人で生活や家庭を作って、子どもを育てていくという強い意識を持つことが大切です。**

回答
水無田 気流さん

✿家事の大変さはやってみないとパパにはわからない

ある調査では、働いているママよりも専業主婦のほうがストレスが高いという研究結果が出ています。子育てや家事をすることがどういうことなのか、やっていない人にはわからないのです。子育てや家事がどんなに大変なのか、ママがどういう思いでやっているのか、パパには想像もできないのだろうと思います。

まず、パパ自身が小さなことから家事をやってみることです。パパが子育てや家事にコミットしはじめると、パパにとっても得が多いと思います。**家族への貢献が実感できるので、明らかに家庭が変わって、ママの笑顔も増える。**そういったパパの姿を子どもに見せることが、子どもにとって、どう生きていくかのモデルにもなっていくと思います。

また、パパからねぎらいの言葉をかけることも大事です。もちろん、ただ言えばいいというわけではありませんが、言葉があるだけで元気になることもあると思います。全国のパパに心掛けてほしいですね。

回答
大豆生田 啓友 さん

パパのお悩み
これが知りたい!

妻からの要求に応えられずダメ出しをされてしまう。

ママのほうが子どもと接している時間が長いため、私が同じように家事・育児をやっているつもりでも、ママと同じようにはできません。そのため、「もっとこうして欲しい」などと言われることもあります。そうしたときに、ダメ出しされたような気分になって落ち込み、家事・育児に及び腰になってしまいます。

2016年9月24日放送より

妻と意見が合わないとき、どうすればいい?

子どもは化粧品で遊ぶのが大好き。誤飲したら危ないと気になりますが、ママは止めてくれません。ほかにも、扉やテーブルの角など気になる部分は、私が対策グッズを取り付けています。ママは「私のことが信用できないの?」と不満があるようで、いつも言い争いになってしまいます。信用していないわけではありませんが、〝まさか〟をどうしても考えてしまいます。

ママと意見が合わないときは、どうすればいいのでしょう?

(1歳・男の子のパパ)

2018年2月10日放送より

僕なりにガンバっているけれど……

マンガ：はしあさこ

夫婦で意見が合わないときは……？

マンガ：はしあさこ

私のこと信用できないの？
くわっ!!
そういうわけじゃ
ないいけどさ
万が一ってことが…
やっぱ信用して
ないじゃん！
パパが言うことも
間違いではないけど
もっと信用してよ!!
違うんだって！
まさかがあったら
大変だろ！
信用して！
だからー！
ギャンギャン
ギャンギャン
エンドレス！

専門家のお答え!

我慢が解決ではありません。イライラをため込まないのが家庭円満の秘けつです。

回答
大日向 雅美さん

小さな衝突は繰り返して上手に発散を

一般論ですが、育児に関して男性と女性ではスタートラインが違います。やはり女性は妊娠・出産を経て、先にスタートしていますから、育児において、どちらかといえばママのほうが先輩であることが多いのです。

例えばパパたちは、職場で上司や先輩からいろいろと教えてもらったとき、どう感じますか？　「ご指導いただきありがたい」と思うことのほうが多いはずです。ママからの要求も同様に、〝ダメ出し〟ではなく、「教えてもらっている」と考えてみましょう。

もちろん、ママたちも言い方がパワハラにならないように気をつけなくてはいけません。「ありがとう。だけど、ここはこう変えてね」という言い方を心がけましょう。パパたちは、謙虚に「教えてもらえてありがたい」という心構えでママの意見を聞いてみてください。

それでも納得がいかないようなら、何がいけないのか率直に理由を尋ね、「何か不満がたまっていることがある?」と聞いてみましょう。ママは本当は違うところに不満があるのかも知れません。「何かつらいことがあった?」などと変化球を投げてみると、「実はね」と本当の悩みを吐露できるママもいます。

「ママが先輩だと思うと、パパは自分が正しいと思っていることも余計に言いづらい」という意見もあるようですが、なぜそんなに夫婦間で気を使うのでしょうか。かつては「僕と結婚してほしい」と言えた妻の何を恐れているのでしょうか。

イライラはずっとためこんでいると、マグマのように大爆発します。イライラをためないためにも、小さな衝突は繰り返してかまいません。でも衝突したときは早目にピリオドを打つことも大切。ママの好きなものでも買って帰ってあげてください。ママたちも、パパに遠慮をしていることもあります。パパもママもお互い様。イライラをため込まず上手に発散するのが、家庭円満の秘けつです。**我慢することが解決策ではありませんよ。**

専門家のお答え!

夫婦のコミュニケーションを見直すいいチャンス。ママの気持ち、きちんと受け止めていますか?

回答
田中 俊之さん

〝違い〟が顕在化するのはよいこと

おおらかなママとちょっと心配性なパパ。「大胆さ」と「繊細さ」のバランスがよいのではないかと思います。この質問に限らず、世の中にはさまざまな組み合わせのご家庭がありますが、二人とも同じタイプの場合は、逆に心配になります。

日本では恋愛結婚が多く、お互いの意見が合う似た者同士でカップルになったという意識があることが多いようですが、結婚をして家族となり、子どもができると、家庭での暮らし方や食事の内容、子育ての方針が違うなど、二人の〝違い〟が見えてきます。

これからずっと一緒に暮らしていくわけですから、このような〝違い〟が顕在化してきたことはよいことです。パパとママの意見が違うのは自然なこと。子どもの前で、パパとママの意見が違っても、それほど問題ではありません。

このご質問に関しては、意見が合わない〝違い〟とは別に、ママに対して〝不満〟があることが気になります。

もしかしたら、単に意見が合わないだけでなく、ママが言いたいことをパパがきちんと受け止めることができていないのかもしれません。パパはママに何を言われているか理解していない可能性があるのです。そのことがママをイライラさせているのであれば、**パパに足りないのはコミュニケーションです。**

人の話をきちんと聞いて、言われたことに返事をする。不満の解決には、これが大切だと思います。また、**どちらが正しいなどと言い合って、お互いに論破しないことも大事です。相手を言い負かしても、関係が悪くなるだけだということをしっかり心に留めておきましょう。**

パパのお悩み
これが知りたい！

「俺やってる感を出している」と言われます。どうしたらママは納得してくれるの？

わが家は共働きで、ママは締め切り間際になると、週末も家で仕事をすることがしばしばです。そのため私は、週末は子どもと遊んだり、家を掃除したりと、ごはんの用意以外の家事・育児をするようにしています。

しかし、ママは納得していないようで、「1週間のうちの1日や2日やるのでは、私のほうがやっている」となるようです。また、気が緩んでテレビでも見ていると、「ヒマでいいよね」と言われてしまい、少しも気が抜けません。ママによると、「俺やってる、みたいな空気が漂っている。確かにやってもらっているけれど、私も平日の家事や育児をやっているんだよ」と思ってしまうそうです。そんな雰囲気を出しているつもりはありませんが、出ているのだと思います。どうしたら、ママは納得してくれるのでしょうか。

（2歳・男の子のパパ）

2016年9月24日放送より

けっこう“イクメン”だと思うけど……

マンガ：はしあさこ

つかれたー
ちらっ
あはは
……
…ヒマでいいよね
ぼそっ
ごはんできたよ
え？
いやオレ家事やってるじゃん？何が不満なの？
二週間のうちたった1日2日でしょ私のほうが家事してるし
いやいやオレ平日は外で働いてるんだから仕方ないじゃん
オドオド
オド
私も働いてるわ！
……
ごはーん
？
あと

マンガ:はしあさこ

その「オレやってる」って感じがムカつくのよ！
!?
ええー！
確かにやってもらってるけど、私も平日の家事や育児やってるんだよ!?
わかってる!?
さらに週末まで仕事してさ！ なんなの!? 私働きすぎじゃない!?
あんたも動いてよ!! まったりテレビ観てんじゃないよ！
うわああああ
ストンッ
ふうっ
?
えーー!?
お、オレどうしたらいいんだ??

専門家のお答え!

絶対にはずさないでほしいポイントがあります。それは、「夫婦は人生を一緒に生きる同志」だということ。

回答
大日向 雅美さん

✿「足りない」のは育児の「量」とは限らない

パパがどんなに家事・育児をやっていても、ママが「何か足りない」と感じているとき、その「足りない」は、「もっとやって欲しい」という思いだけとは限りません。

例えば、パパがテレビを見ているときに、ママが仕事を終えて部屋から出てきたら、「おつかれさま。コーヒーでも淹れるから一緒に飲もうか」とママをねぎらってあげてください。ママは「ねぎらいの一言」が欲しいのです。その一言があれば、「じゃあ一緒にテレビ見ようかな」となったり、「飲み終わった食器は私が洗っておくね」「いいや、僕が洗っておくよ」など、お互いを思いやる次のステージに進むこともできます。**ママが「足りない」と感じるポイントは、家事・育児の「量」の問題とは限りません。むしろ「質」。**ママのハートをつかめるのは、ママをねぎらうティータイムかもしれません。

そして、ひとつだけ、絶対にはずさないでほしいポイントがあります。それは、「夫婦は人生を一緒に生きる同志」だということです。ママたちも、パパがこの同志でいてくれることを望んでいます。このことをしっかりと押さえておけば、パパが何をやろうがやるまいが、たいしたことではないと落ち着くこともできるのではないかと思います。

ここでいう同志は「子育てを一緒に頑張る同志」ではなく、「人生の同志」です。〝ママとパパ〟である前に、〝ひとりの男性とひとりの女性〟です。やがて子どもが巣立ったら、「長い人生の老後をともに生きる同志」でもあります。「子育ての同志」だけでなく、「『人生をどうやって生きるか？』を分かち合える同志」だと考えてほしいのです。「子育てが終わったら何をしようか」と、妻の人生に関心を持ってください。「僕の人生で一番大切な女性だ」と夫が思い、言ってくれる。それだけで、家事・育児をやるかどうかを超越し、ともに生きていると思えるのです。

あるときはママとパパであり、あるときはひとりの女性と男性であり、あるときは働く人であり、といろんな自分があるほうが、自分の引き出しが多くなります。引き出しが多いほうが、夫婦ゲンカも上手におさまるように思います。

パパのお悩み　これが知りたい！

育児をしたい気持ちはあるけれど……。どこまですれば「イクメン」なの？

ママは子育てに専念していますが、そろそろ子どもは保育園に預けて職場復帰をと考えています。私もできるだけ家事や育児をしていますが、最近は仕事が忙しくなり、思うようにできていません。ママは「本当にやって欲しいことは先延ばしにされ、仕事に復帰した後が心配」だと言います。

そこで、ママにも納得してもらおうと、家事・育児の〝やることリスト〟をつくって取り組んでいます。このように、家事・子育てに参加しようと努力しているのですが、世間で言う「イクメン」という言葉に少し違和感を持っています。子どもが好きで、育児に参加したい気持ちはありますが、「イクメン」かどうかを周りが決めていて、言葉がひとり歩きをしていて、そこにプレッシャーを感じます。どこまですれば、イクメンと言えるのでしょうか。

（6か月・男の子のパパ）

2018年2月10日放送より

“イクメン”のプレッシャーに押しつぶされそう……

マンガ：がみ

子育てなんて“余裕”だと思っていたのに！

マンガ：がみ

仕事しながらの育児はすごく大変
イクメン
育児がどれだけ大変かわかってくれた？
ああ僕も一緒にやるよ
定時に帰る有給休暇を取る
お互い協力して育児をがんばろう

専門家のお答え!

パパが育児で悩むようになったことこそ時代の変化。「イクメン」という言葉を見直す時期にきています。

回答
田中 俊之さん

✿自分の場合はどうか？　定時で帰る方法を考える

父親の中にもいろいろな考えの方がいると思います。例えば、仕事をして収入を確保さえすれば父親の役割を果たしていると考えている人。その場合は、意識を変えていただくしかありません。ですが、すでに育児に取り組んでいる方であれば、社会の長時間労働の問題をどう改善するかが課題になると思います。時間のことを考えると、仕事を定時で終えられれば、夕方の食事、お風呂、寝かしつけなど、育児の大変な時間をママと一緒に過ごすことができるので、かなりの部分が解決できると思います。

自分の場合は、どうすれば定時で帰れるのかを考えていきましょう。

「本当は定時で帰りたいけれど、今後のことを考えると、ここで働かないと子どもを育てていく収入が得られなくなるのではないかとプレッシャーを感じる」という声も多いようです。でもプレッシャーやストレスを感じて悩んでいるのは、真剣に育児に取り組んでいる証拠。そうした男性が出てきたことは、よい兆候だと思います。

✿理想のイクメン像より、わが家の子育てを考える

パパたちが育児で悩むようになったことこそ、大きな時代の変化です。その意味では、男性も子育てをするという「イクメン」という言葉が果たした役割もあるのです。でも、実際の子育てや家事は、それほどきれいごとではありません。まして、仕事の環境の多くが変わらない中で、育児をすることに戸惑いを感じている方も多いのだろうと思います。

私たちは、どこかで〝こうあるべき〟という「イクメン」像を作り上げていますが、絵に描いたような「イクメン」は存在しませんし、それが大事なわけでもありません。「イクメン」という言葉自体を見直す時期にきているのではないでしょうか。

父親として〝こうあるべき〟というよりも、わが家の場合はどうするのがよいのだろうと、「わが家の子育て」を考えていくことが重要だと思います。

回答
大豆生田 啓友 さん

専門家のお答え!

「役に立てていないのでは?」という父親の「無力感」を、社会を変える力に変えていきましょう。

回答
田中 俊之さん

✿悩みを正直に吐き出すことで、課題と解決策が見えてくる

子育て中の男性たちが抱えているのが、「妻の役に立てていないのではないか」「子育ての役に立てていないのではないか」のような「無力感」です。

現状の〝イクメン〟は理想が高すぎると思われます。これまでの長時間労働など、働き方が変わらない状況では、仕事と家事育児の両立は重荷です。仕事と家事育児の両立は、これまですでに多くの女性が抱えてきた悩みです。その同じ悩みが、今、男性に降りかかり、男性がどのように変わっていくかが問われているのです。

抱えている仕事の状況や会社の制度もさまざまですから、一般論ではなく、各々の職場で、どうすれば定時に帰れるのか、有給休暇が取れるのかを考え、組織の中でほかの人と協調しながら、今の働き方を少しずつ見直していくしかないと思います。

自分がいま置かれている状況で、できることから始めてください。また、**男性はつらいことや悩みをひとりで抱え込んできた人も多いと思いますが、それを正直に吐き出すこと**

で、課題と解決策が見えてくると思います。

ひとりひとりの父親が具体的な悩みを明らかにすることで、社会全体でどのようにしていくとより良くなるのかという議論が進んでいけばいいなと思います。

これが知りたい！

追いつめられてようやく改善！　家族のカタチ。

もともとパパは協力的でしたが、子どもがパパを嫌がるようになり、育児を私がひとりでするようになりました。ある日、私と子どもが同時に高熱を出し、パパが帰ってきたのは翌日の昼過ぎ。そこで「離婚する！」と宣言。焦ったパパは「丸一日、自分ひとりで育児をしてみせる」と言ったのですが、その経験が、パパを大きく変えました。「これが毎日続くとしんどいだろうな」とわかったそうです。今は、パパの提案で、土曜日はパパが育児を担当。子どももパパを嫌がらなくなり、私もパパに感謝の気持ちを持てるようになりました。

（1歳1か月・男の子のママ）

パパは仕事が忙しく毎日夜中に帰宅。会話をする時間もほとんどありませんでした。なるべく頼らず頑張りましたが、心身に不調が表れました。自分の母親を頼りましたが、パパの存在感が薄くなってしまいました。

（1歳・男の子と女の子の双子のママ）

2017年4月22日放送より

ワンオペ→パパの協力で家族に変化が!?

マンガ：んぎまむ

ボロボロと自然に涙が……心のバランスがおかしい?

マンガ：んぎまむ

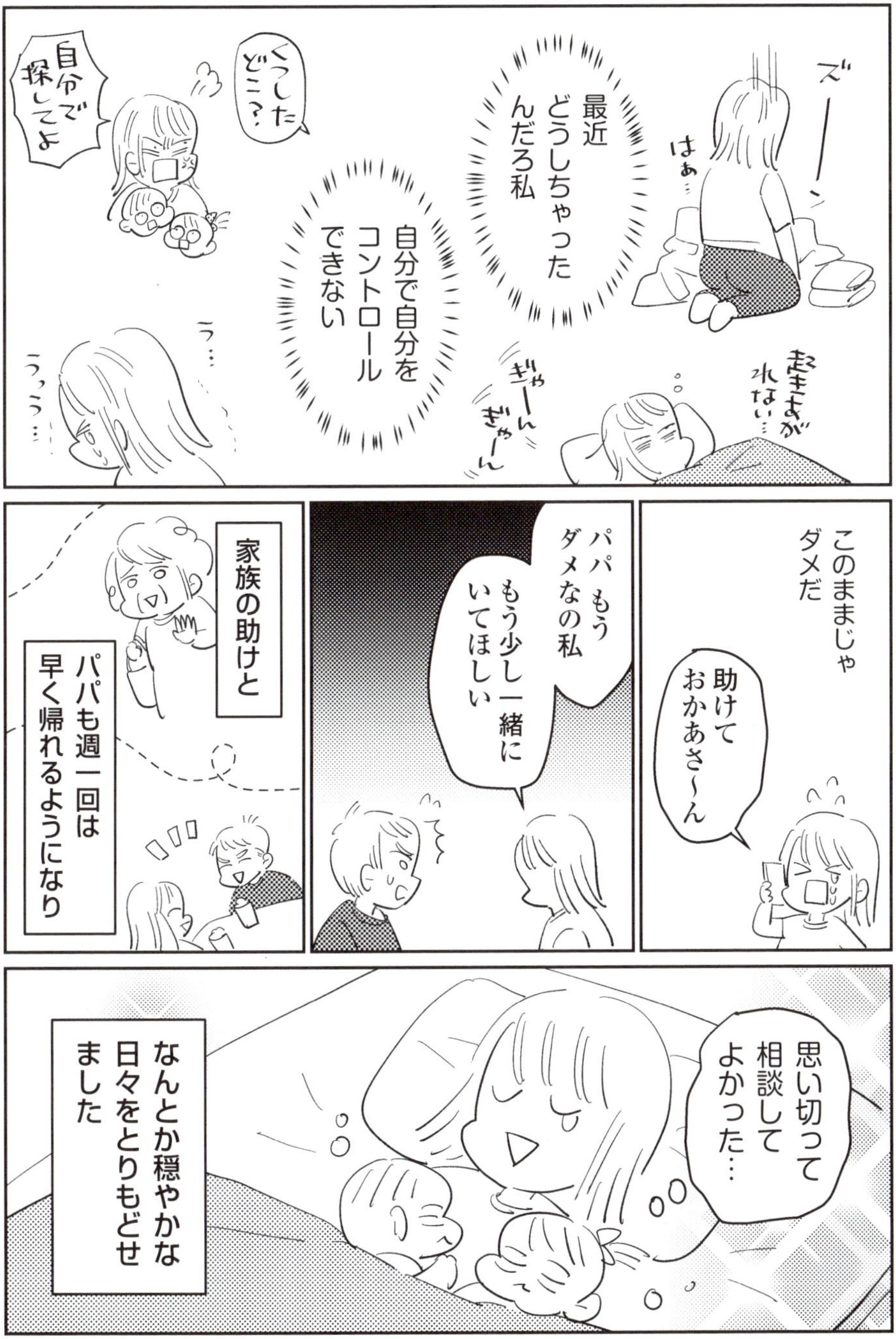
ズーーン
はぁ…
最近どうしちゃったんだろ私
自分で自分をコントロールできない
くつしたどこ?
自分で探してよ
起きあがれない…
ぎゃーんぎゃーん
う…
うっうっ…
このままじゃダメだ
助けておかあさ～ん
パパもうダメなの私
もう少し一緒にいてほしい
家族の助けと
パパも週一回は早く帰れるようになり
思い切って相談してよかった…
なんとか穏やかな日々をとりもどせました

専門家のお答え!

「これからの人生を一緒に生きていくために」あきらめることなく、夫婦で共に考える必要があります。

「パパ嫌い」は成長のプロセス。あきらめないで

子どもは、成長の過程で信頼できる人にいろんなことを言うものです。「パパ嫌い」もそのひとつで、育児に関わってきたからこそ言われたわけです。最初にそこで引いてしまったことは残念でしたね。その後、丸一日育児をしてみて、ママがどれほど頑張っているのか、その一端に気づくことができたのは、とてもよいケースだったと思います。

近所に祖父母がいると、パパたちはどうしても「祖父母がいるから」と甘えてしまいます。逆に、そのような環境を与えられているパパが、どう自分の役割を見出していくのかが、重要になります。

回答
大豆生田 啓友さん

✿せっぱ詰まったらときを待たない

「離婚する!」という言葉も、お互いに信頼関係があったから言えた。そして効果もあったのだと思います。その上で「離婚」と言ってしまうほど追い詰められていた。そのことを、ときを待たずにしっかり伝えたことがよかったと思います。今、社会も男性の育児の大切さを認識し、会社の制度も整い始めています。後は、働くパパやママたちが声をあげることです。実際にこのケースでは、相談してみると育児に理解のある上司がいたわけです。悩んでいる方々は、あと少しの声をあげる勇気を持ちましょう。

このお悩みではもともと協力的なパパだったということもありますが、もし、パートナーが協力的ではない場合にも、**今後の人生設計について夫婦で真剣に話し合う場を持つべきです。** 1回2回の話し合いで解決するほど簡単に人は変わりません。これからも一緒に人生を生きていくのであれば、あきらめず、自分の思いを伝える努力を続けることが必要です。また、このままでは私の人生がむちゃくちゃになると思うなら、清算するぐらいの決意も必要です。そのためには、ママもひとりで生きていける力や覚悟が必要ですね。「母はつよし」というのは、自分と子どもの人生をきちんと守るための強さでもあると思います。

回答
大日向 雅美さん

「すくすくアイデア大賞」から厳選アイデアを紹介

怒りのレベルを自分で再認識！

「あ、ママ、ここまできたよ」

（2012年放送 第6回作品）

「怒っちゃダメ」「いつも笑顔で」と、そんな風に我慢を続けていると、あるとき耐えきれなくなって急に怒りが爆発してしまう！

そんなとき、くりだす魔法の言葉が「あ、ママ、ここまできたよ」。怒りのレベルを、手の高さによって5段階で表現することで、子どもにも伝わりやすく、自分自身の怒りも鎮められそうです。

ハイママここまで来たよー!!
ここまで怒ってまーす!!
通常
レベル1
レベル3
レベル4
怒り具合を5段階で表現

つかれてイライラするとき、ほぐしてくれる合言葉！

「さぁみなさん ご一緒に！」

（2015年放送 第9回作品）

子育てで、もうクタクタ&イライラしちゃう。そんなときの合言葉がこちら。「さぁみなさん ご一緒に！」と声をかけると、子どもたちは声をそろえて、「いつもお母さんがんばってるね」と返してくれます。

イライラしはじめても、この一言を言ってもらうと少し気持ちが落ち着くそうです。パパにも一緒に言ってほしいですね！

さぁみなさんご一緒にーー!!
いつもママがんばってるねー!!
いやーんありがとー♥
親子のステキな合言葉♪

第4章

人と、社会とつながりたい！

～取り戻したい私の時間～

子どもと私だけのカプセルから抜け出して、
人や社会とつながりながら自分の時間を取り戻したい！
私の好きなことって何？　したいことって何？
ママ友、地域の人たち、大切な友人と会う時間。
いきいきと働くことだって社会とのつながり。
いろいろな視点を持って、豊かな時間を取り戻そう！

これが知りたい！

ママになって後悔はない。だけどすごく孤独。どうすれば気持ちが楽になるの？

子どもを産んで、幸せな日々を過ごしているのですが、ふと悲しくなることがあります。ＳＮＳで友人や同僚の様子を見ると、私も以前はこうだったなと思って、置いてきぼりになったようで、落ち込んでしまいます。

今は育休中ですが、会社では営業だったので、毎日いろいろな人に会って、知識も経験も増えていると実感する日々でした。今は、家事と育児、毎日同じことの繰り返しです。子どもの成長はありますが、自分の状態を考えて孤独を感じることがあります。

ママになって後悔はないのですが、すごく悲しい気持ちになります。どうすれば、気持ちが楽になるのでしょうか？

（５か月・女の子のママ）

2017年12月2日放送より

あれ？ 私の人生だけ止まってる？

マンガ：あきばさやか

第4章 人と、社会とつながりたい！

夜
フー
やっと寝た
スゥ
スゥ
フ〜
すぐ起きあがる
気力ないから
SNSでも見よっと
わ〜○○さんが
アップしてる漫画
面白いな〜
△△ちゃん
ウェブで
新連載
スタートか〜
□□は
海外旅行中⁉
いいな〜
わわっ●●さんの
コーディネート
すっごくかわいい…
私が今日やったこと
・オムツ替え×10
・授乳×7
・うんちまみれの洋服の洗濯
・童謡歌う
・絵本読みきかせ
・公園で日光浴
（なお昨日も一昨日も同じ）
……
何この
私だけ
止まってる感…
新しい服を買う
ポツン…
人と会う
1回休み
6でたー
海外旅行へ行く
よし！
仕事で成果を上げる
ブログを更新する
英会話教室

子どもは本当にかわいいし
「この時期だけの貴重な時間」と
頭ではわかっているけど
一方で
コントロールできず
孤独感
羨ましい…
劣等感
焦る
生産的なことを何もしてない…
ムク
ムク
ムク
どんどん湧き上がってくる感情も
わ〜〜
だめだ
ストレス
溜まってる
いつもこういうとき
どうしてたっけ…
ブン
ブン
ブン
産前は…
ポワワン
おいしいお酒で
ストレス解消!!
パカッ
…
グビ
グビ
グビ
グビ…
プハー
こんちくしょう
ドン
←牛乳
なかなか
気持ちの切り替えが
難しいです

専門家のお答え！

女性であり社会人である自分を失いたくないのは当たり前。子育てで涙を流した経験を仕事に生かすこともできます。

頑張ってきた人は、みんな喪失感を体験する

仕事に誇りを持っていたのですね。強い思いがあった分、人間関係や頑張ってきたことがなくなってしまい、喪失感にさいなまれる。**頑張ってきた人は必ず体験することだと思います。**この喪失感は、お子さんが小さい間はしばらく続きます。ＳＮＳを見ると、以前のように頑張ることができない自分を感じて、寂しさ、羨ましさ、妬み、自信のなさなどの感情がどうしても広がってしまいます。落ち込んだときは、あまり見ないように心がけましょう。そして、どうすれば自分は幸せになっていけるのかを考えてみましょう。

回答
倉石 哲也 さん

2〜3年後の設計図を壁に貼る

これは、ママになった女性が持つ定番の悩みです。かつては年賀状の季節に同じ症状になっていましたが、今はＳＮＳでいつでも見ることができ、とてもつらいことでしょう。ママとして充実していても、女性であり社会人であり、ひとりの大人である自分を失いた

回答
大日向 雅美 さん

くないと思うのは今の女性にとって当たり前のことです。まず、2〜3年後の設計図を作るところから始めてみましょう。今は生活の8〜9割がママですが、数年後、子どもが保育園や幼稚園に入ったらこんな活動を始めようなど、設計図を作って見えるところに貼っておくのです。先が見えて、暗闇が少し明るくなると思います。

そして、とにかく泣いていい。文句を言っていい。「こんなの嫌!」と言っていい。吐き出せる相手がいなければ、ノートに書いたり、お風呂で叫んだりしてもいいのです。気持ちを吐き出した後は、壁に貼った設計図を見て、「あと1年たったら、こういう私になれる!」と気持ちを整えていくとよいと思います。

あなたには、子育てによっていろいろな力がついています。気がついていないだけで、いろいろな能力をマルチに身につけています。その力を自分で把握するためにも、何をやっていたのか書いておくことが大事です。後から振り返り、「こんなことができるようになっていたんだ」と気づきます。むしろ、子育てで涙を流したその経験を、仕事に生かしていくこともできます。一緒に働く人や周囲の人々への思いやりなど、ご自身の感受性が、もっともっと素敵になっていくと思います。

これが知りたい！

もともと人づきあいが苦手な私。ママ友って、どうやって作るの？

地域に全く知り合いもおらず、学生時代の友人や働いていたころの友人とも違うママ友。ママ友をどのように作ったらいいのかわかりません。

（1歳1か月・男の子のママ）

母親になってから、子どものことを考えて人づきあいも慎重になりました。「あまり深入りしてもダメなのかな？」と迷いますし、子どもが一緒に遊べるかどうかなど考えると一歩を踏み出せません。

（10か月・女の子のママ）

2017年2月4日放送より

ママ友を作りたい！ 気持ちはあるけれど……

マンガ：内野こめこ

専門家のお答え！

子育ての悩みや地域の情報を交換。子どもを通して気軽に話せる人を探して。

✿「教えて」というスタンスで話題を投げかける

ちょっとしたきっかけで会話をはじめると、気が合う人が見つかることがあります。

「うちの子、最近、夜泣きがひどいの。どうしてますか?」など、**自分の子育ての率直な悩みを気軽に相談してみる**のはどうでしょう。悩みを相談することが難しい場合は、子育てとは全然関係ない話題で、「最近野菜が高いと思わない? みなさんどうされてますか」などでもかまいません。ほかにも、地域情報や食事のレシピ、遊びなど、**「こんなときどうしますか? 教えてください」というスタンスで、いろいろな話題を投げかけてみましょう。**

「オススメの公園は?」「家ではどんな遊びをしてる?」「子どもが喜ぶ定番レシピは?」「子連れに優しいお店、知っていますか?」

最初は少し勇気がいるかもしれませんが、じっと黙っていたら周りの人も何を話しかけていいのかわかりません。何人かに1人でも話を返してくれる人がいれば、だんだん関係がほぐれていきます。

回答
汐見 稔幸さん

✿焦らずに、子どもやスタッフを介してママ友に

初対面のママに声をかけようとしても、緊張しますよね。「頑張ってママ友を作らなきゃ！」と思ってしまうと、余計に緊張して不自然になったり、声をかけることさえ難しくなってしまうと思います。

子どもと一緒に出かけていると、子どもをきっかけとしてほかのママと話す機会も増えてきます。「この人だったら気が合いそうだな」「いろいろな話をしても大丈夫そうだな」と思える人が自然に見つかっていくと思います。

ママ友を作ることがあなたにとってハードルが高い場合には、子育てひろばなどに出かけてスタッフと話してみましょう。スタッフがその場にいるママたちと自然につなげてくれることも。友達作りのきっかけが見つかると思います。

回答
坂上 裕子さん

これが知りたい！

気兼ねなく話せるママ友が欲しい。でも、毎回「はじめまして」でつかれる……。

子育てをはじめて1年。近所に子どもの話を自由にできるママ友がいなくて悩んでいます。せっかく仲良くなっても仕事に復帰したり、引っ越したりしてしまい、また探さなければいけないので、毎回「はじめまして」でつかれてしまいます。知らないママに声をかける勇気も持てません。

できれば、学校や仕事での友人のように、お互いのことがわかっていて、気兼ねなく話ができるママ友が欲しいのです。それが思いのほか難しく、悩んでしまいます。

子どものためにも、私のためにもと思うのですが、無理して作るものではないのかもしれません。気軽に話ができるママ友はできるのでしょうか？

（1歳1か月・女の子のママ）

2017年12月2日放送より

毎回「はじめまして」でつかれてしまう

マンガ：もづこ

専門家のお答え!

「子どものためにママ友を作ろう」と頑張らなくていい。いろいろな人とのつながりを自分の興味で楽しんで。

回答
大日向 雅美さん

✿すぐに何でも話せる人をと思わない

難しい悩みですね。育児をがんばって、少しほっとしたときに、ほとばしるように人と話をしたいと思う。私たちは、人と関わり合いながら生きているのですから、自然な感情です。ただ、「ママ友とは気軽に話せないこともある」と、どこかで割り切ることがあってもよいかと思います。毎回「はじめまして」になるのもしかたがありません。

学校や職場であれば、価値観が似ていたり、趣味が同じだったり、そうした共通点をきっかけに心通わせられる友人を作ることができます。しかし、ママ友は、子どもを介しての関係という面があります。人間関係の作りかたが違うので、学校や職場の友人と同じことを求めるのは難しいかもしれません。**すぐに何でも話せる人をと思わずに、「はじめまして」と言うところから少しずつはじめていきましょう。**

みなさんが、ママ友を作らないといけないと思い詰める理由のひとつに、「子どもに友達を作ってあげなくては」という思いがあります。でも、1~2歳代は、一緒に遊んでいるように見えても、友達だという自覚はありません。逆に、3～5歳ぐらいになると、子どもは自分で友達を作り始めます。子どものためにママ友を作らなくてはと頑張る必要はありません。

✿自分が行ってみたいところに、子どもと行ってみる

人と話ができる機会がないのは残念なことです。買い物をしているときに店員さんとやりとりをしたり、「赤ちゃん、大きくなったね」と声をかけてもらえたり、友達以外にも人とのつながりはあると思います。チャンスがあれば、ママが行ってみたいと思うお店やスポットに、お子さんと一緒に出かけてみてください。

そこで出会う人は、あなた自身と興味が重なり気が合う人かもしれません。きっと、ファッションや趣味の話などもできると思います。店員さんが話しかけてくださることもあります。

以前の友人とは違う関係性ではあっても、人とのつながりに新鮮さがあるのではないかと思います。

回答
倉石 哲也さん

これが知りたい！

ママ友との交流はSNSがメイン。困った経験をもとに、ルール作りをしました！

出産前に通っていたスイミングスクールで、妊娠中のママたちと知り合いました。９人で直接会って話したり、SNSでグループを作って子育ての情報交換をしたり、悩みを相談し合ったりしています。年齢は20～40代とバラバラですが、同じ世代の子どもがいるため、自分が今気になっていることを相談しやすいと思います。ただ、９人も参加しているので、少し目を離すとメッセージの未読が１００件を超えてしまうときがあります。そこで、みんなで相談し、SNSを使用するときのルールを設けました。

「既読スルーをしてもいい」「通知音はオフにする」「返信は自分ができることに対してだけすればよい」

大変な子育ての中、この仲間との交流が安心できる存在となっています。

（５か月・男の子のママ）

2016年4月30日放送より

SNSを上手に使ってみんなで子育て

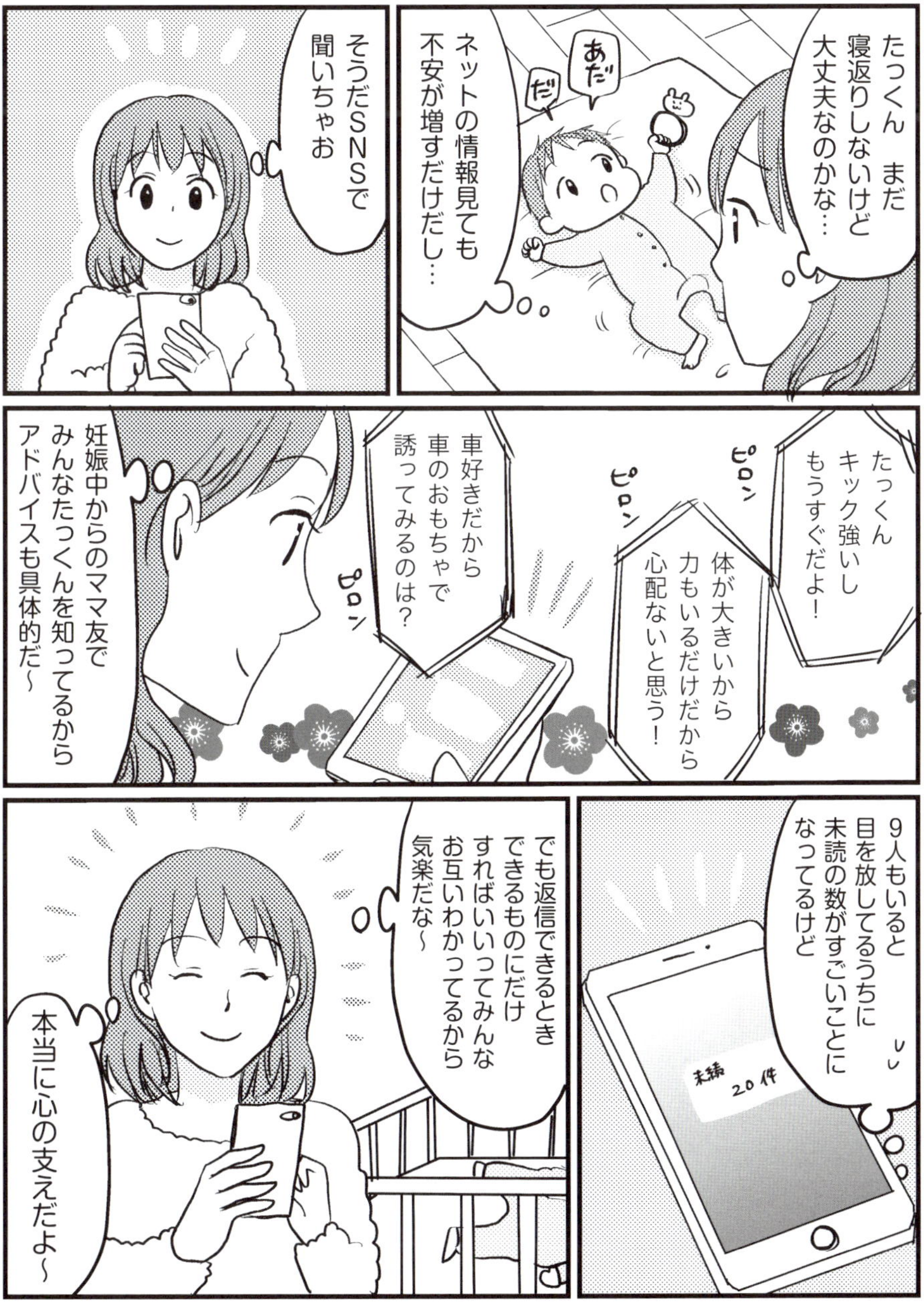

マンガ：内野こめこ

専門家のお答え!

「リアルな人間関係」が育っているからこそ、SNSでもうまくやっていけます。

✿リアルな交流も大切にするとうまくいく

SNSのやり取りだけではなく、リアルな場所でも会って交流できていて、人間関係がケアされていますね。だからこそ、SNSでのやり取りもうまくできているのだと思います。お子さんが同じ年頃だと、悩みや情報なども共有しやすいでしょう。

子育て中の忙しい毎日ですから、SNSを使ってママ友と情報を共有したり、相談にのってもらったりすることはいいことだと思います。ただ、日常生活がスマートフォンばかりになってしまわないように気をつけたいですね。ママがスマートフォンを見ているときは、子どもから目を離しているということでもあります。子どもが自分のもとに来たら、スマートフォンをやめるようにしましょう。

パパに子どもの面倒を見てもらって、ママはスマートフォンに向かう時間をもらうというのもいいかもしれません。パパと子どもがママの時間を作ってあげることも大切だと思いますよ。

回答 青木 紀久代さん

✿ゆるやかな「ママ友関係」が大事

この例は、SNSを上手に使った理想的なパターンですね。**ママ友との関係で大事なことは、ゆるやかな関係であることです。**子どもが小さいうちは、生活時間も自分でコントロールできるものではありませんから、お互いに縛りあったり、「こうしなければならない」という決まりがあると、だんだん息苦しくなってしまうことがあります。ママ友関係にこうでなければいけないという決まりはありませんが、このようにお互いにゆるやかな関係だと気持ちも楽になります。

悩み相談や自分の気持ちをわかって欲しいときに、話すと誰かが反応して返事をしてくれる関係も、とてもいいと思いますよ。

回答
大豆生田 啓友さん

これが知りたい！

近くに頼れる人がいなくて心細い。

出産後、夫婦ともに慣れ親しんだ土地を離れ、今の住まいに引っ越してきました。そのため、近所に親戚や親しい友人が全くいません。つかれたときやいざというときに頼れる人や、悩みを打ち明けられる友達がいないため、孤独感を覚え、とても心細く思います。

（1歳9か月・女の子のママ）

2016年10月22日放送より

祖父母ではなく、一時保育に預けるのはかわいそう？

祖父母が「知らない人に預けるのはかわいそう。だったら、私たちが見るよ」と言うので、4時間ほど預けてみたのですが、つかれきっているようでした。一時保育でプロに任せれば、私も気が楽だし祖父母も楽だと思いますが、祖母は「やっぱりかわいいから見てあげたい」と言います。

（2歳6か月・女の子のママ）

2017年4月29日放送より

アウェイ育児の孤独

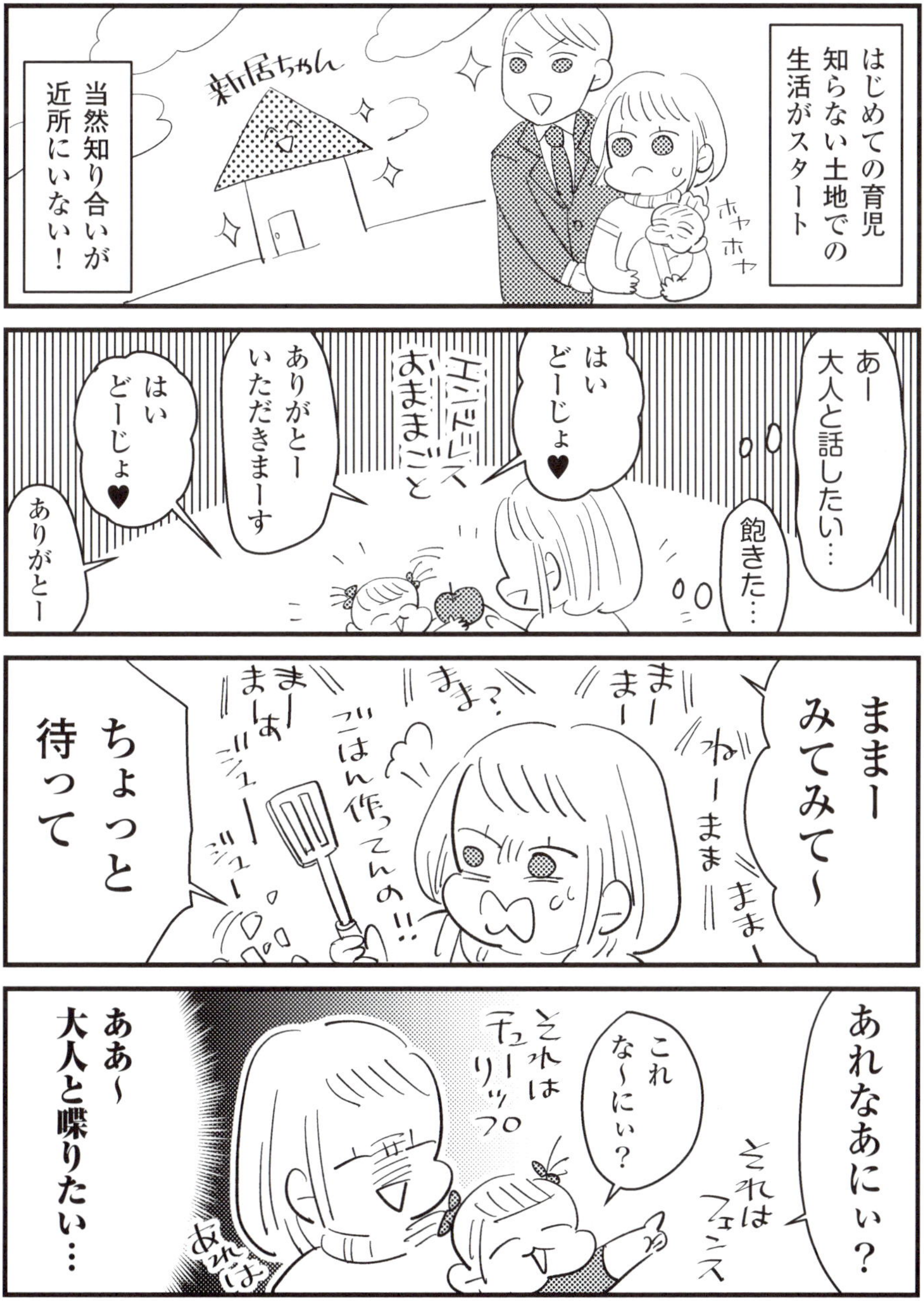

マンガ：んぎまむ

祖父母に頼る？ 一時保育はダメ？

マンガ：んぎまむ

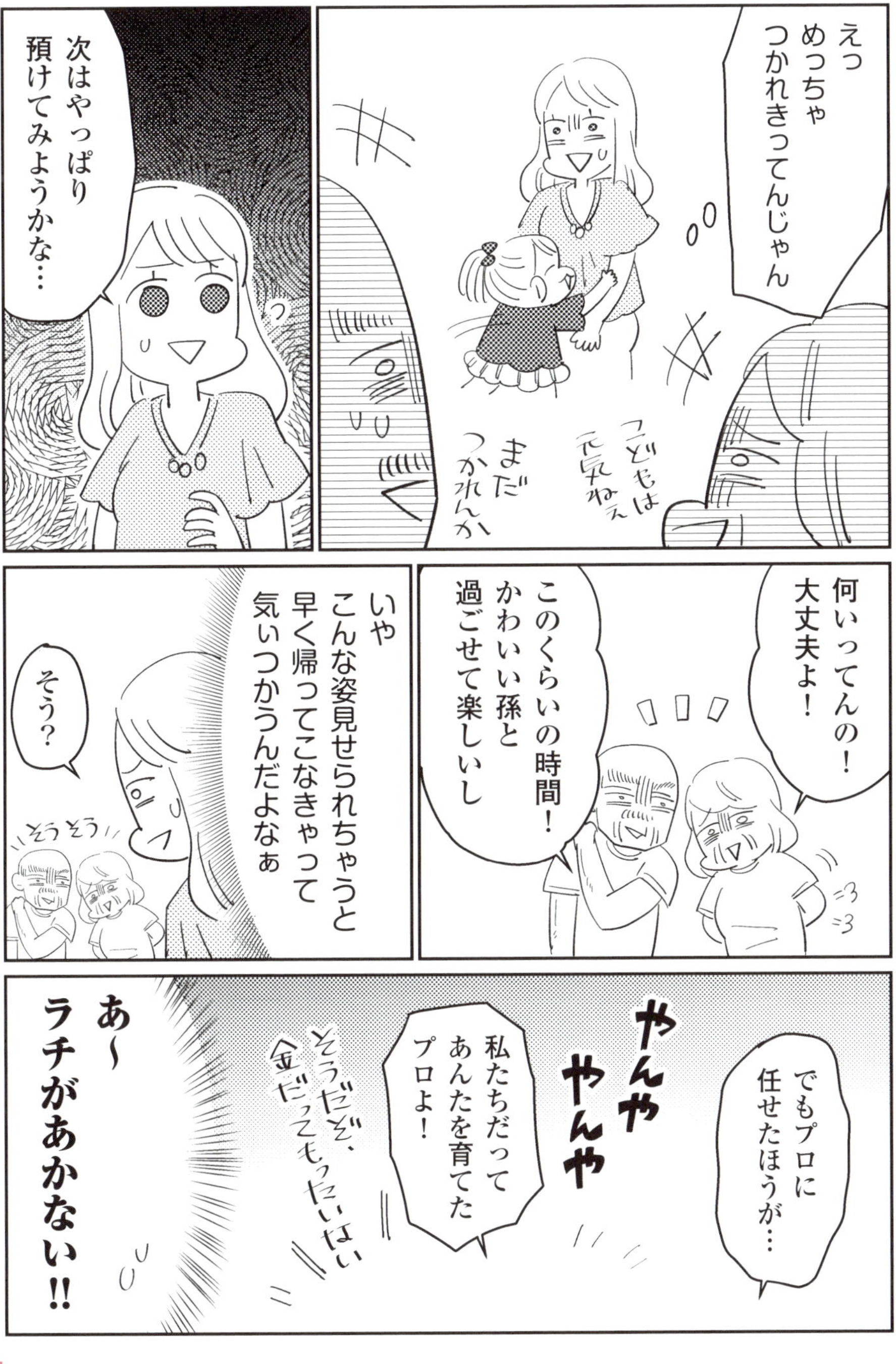

えっ
めっちゃ
つかれきってんじゃん
こどもは元気ねぇ
まだつかれんか
次はやっぱり預けてみようかな…
何いってんの！
大丈夫よ！
このくらいの時間！
かわいい孫と過ごせて楽しいし
いや
こんな姿見せられちゃうと早く帰ってこなきゃって気ぃつかうんだよなぁ
そう？
そうそう
でもプロに任せたほうが…
やんや
やんや
私たちだってあんたを育てたプロよ！
そうだぞ、金だってもったいない
あ～
ラチがあかない!!

専門家のお答え!

地域のサポーターを見つけましょう。ママも子どもも社会経験が広がっていきます。

✿地域でサポーターを見つけよう

実は、祖父母世代が子育てしていた戦後の高度経済成長期は、「男性が仕事、女性が家事・育児をするのが良い」「母親が自分で育児をしないと子どもがかわいそう。成長・発達がゆがむ」という考え方が広まっていました。しかし、現在、この考え方は内外の多くの研究から否定されています。歴史をふりかえれば、昭和の始めの頃までは、農業・漁業などで母親が育児に専念できるような時代ではありませんでした。家族ぐるみ、地域ぐるみの子育てをしていたのです。**今、当時のように、子どもが家族以外の信頼のおけるところで見守ってもらえることの「良さ」が見直されています。**

地域の子育てひろばなどの一時預かりや、ファミリーサポートセンターを利用したり、地域でのサポーターを見つけてみてください。保育の知識を持ち、子どもに慣れている人たちの手を借りることで、自分の両親や友達以外にも守られていると感じることができ、ママも子どもも社会経験が広がっていきます。**つかれたときに誰かを頼り、ママがリラッ**

回答
大日向 雅美さん

クスすることは、ママだけでなく子どものためにもなります。地域の人たちに上手に甘えるといいと思います。地域の人に子どもを預けると、その後、外を歩いているときに、「○○ちゃん大きくなったわね」と、声をかけてもらえるようにもなります。自分の子どもを見守ってくれる人が地域に増えることは、お子さんの安全にもつながります。

✿子どもが泣くのはママとの関係が強い証拠

子どもがママにくっついて離れないから、一時預かりを利用しづらいと思う方もいらっしゃると思いますが、そこまで気にしなくても大丈夫です。子どもは、預けるときには「離れたくない」と泣き、迎えに行ったときには、ママに会えて「うれしい」と泣きます。離れるときも会えたときも泣くけれど、預けられている間は案外機嫌よく遊んでいたりするものです。

ママと離れるときに泣くのは、親との関係が強くなっている証拠。関係が強いということは、少しの間離れていても大丈夫なんだと考えましょう。

回答
倉石 哲也さん

これが知りたい！

働いていないと社会的に支援されないの？取り残されたように感じます。

以前はバリバリと仕事をしていました。転職活動中に妊娠がわかったこともあり、そのまま専業主婦になりました。今、子どもの成長過程をずっと見ることができるのが専業主婦の特権だと思っていますが、どうしても気持ちがモヤモヤしてしまいます。学生のころの友人は、ほとんど育休後に仕事に復帰していて、自分だけが専業主婦です。ニュースを見ても、女性の活躍、働く女性を応援、と言われています。働いていないと社会的に支援されないのかなと、取り残されたように感じることもあります。

保育園には入れないし、毎日のように両親の世話になるわけにもいかないし、働こうにも働けない。教育費なども必要になってくるので、働きたい気持ちはありますが、どうしたらいいのか……。

（3歳・男の子、10か月・男の子のママ）

2018年7月14日放送より

なんだかモヤモヤするのはなぜ?

マンガ:鳥頭ゆば

専門家のお答え!

あなたを一番評価できるのは、あなた。自分で自分を認めることがすべてのスタートです。

回答
大日向 雅美 さん

✿気持ちが揺れるのは新しい時代に入ってきたから

少し大げさに言えば、みなさんは、女性が働くことに関して、日本の歴史上とても特殊な時代にいます。

昭和の初めごろまでは、農業や漁業などの第1次産業がほとんどで、女性も働くことが当たり前でした。専業主婦という選択肢はほとんどありませんでした。その後、高度経済成長期に入り、少したったころ、当時の社会経済的必要性から、男性が家庭外の職場、企業等で仕事に専念し、代わって女性が家庭を守るために女性が専業主婦になっていきました。このときも、女性は自分で道を選べませんでした。そして今、少子高齢化が進み、女性の労働力が必要になり、女性活躍の必要性が言われています。でも、そのための社会の環境が十分整ったとは言えません。そこで、女性たちの気持ちが揺れているのです。

揺れる気持ちは、この社会が新しい時代に入り、特殊な状況に置かれているから。だからこそ、自分でどう生きるかをしっかり考えることが大切です。**自分や家族にとって働く**

意義と大切さをしっかり考え、どの時点で仕事に戻るのか、人生設計を考える。みなさんは、本当の意味で女性の力を発揮する時代の先に立っていく人たちなのです。

子育て中に社会から隔絶されて「仕事に戻っても能力不足では」と迷う専業主婦の方がいますが、その認識は間違っています。家事や子育ての経験が、復職したときに力となって発揮できるのです。ママは、**子どもの世話をしながら料理を作るなど、一度に複数の仕事を段取りよく実行しています。その能力は仕事に戻ったときに必ず役立ちます。また、聞き分けのない子に寄り添い、向き合って、我慢強く生きています。これから誰もが弱者になりうる時代に、その経験や忍耐力が、本当に役立つと思います。**

子どもがいるのに働いていたら「どうして働くの？　子どもがかわいそう」と言われ、かたや専業主婦をしていると「どうして働かないの？」と言われる。そんな声をいちいち気にすることはありません。何かを言われたら、「周囲はそう思っている。でも、私はどう思っているのか」と自分に問い直してみる。「今、私は頑張っている。こんなに悩んでいる。このままでいいと思っていない。努力もしている！」と自分に問いかけ、いろいろな自分自身を認めて、評価する。あなたのことを一番よく知っていて評価できるのは、あなたです。自分で自分を認めることがすべてのスタートですよ。

専業主婦のスキルは
仕事にも生きる!!

これが知りたい！

今でもあっという間の一日なのに、育休が終わった後、仕事と家事と育児をすべてこなせるか不安。

今は育休中なので、朝から育児や家事ができているのですが、あっという間に一日が過ぎていきます。

こんな状態で仕事に復帰して、育児や家事がまわるのでしょうか。時間をうまく作ってやりくりできるのでしょうか。どう考えても難しそうだと思ってしまいます。

育休が終わって仕事に復帰した後、何もかも中途半端になってしまい、ストレスになるのではないかと不安です。

（10か月・女の子のママ）

2018年2月24日放送より

仕事・家事・育児をすべてこなせるか不安

10か月の娘がいます
現在、私は育休中でそろそろ仕事への復帰を考えているのですが
仕事・家事・育児をすべてこなせる自信がありません
あーん
ブイイイイ…
今でも一日があっという間！
もっと早起きしないとダメかな…
ずっとべったりだったから子どもがグズらないか心配
私の体力持つかな…？
何もかも中途半端になってしまい、ストレスになるのではないか不安…

マンガ：もづこ

専門家のお答え!

ひとりで仕事・家事・育児をこなすのは無理なこと。手も抜いて、みんなと一緒に子育てをするイメージで。

✿すべてを完璧にこなさなくていい

ひとりで仕事・家事・育児をこなすのは、超人でない限り無理なことです。私自身、仕事に復帰する前に、「すべてを満点でやることはできないので、最初は7割ぐらいできたら御の字」と言ってもらえたことがありました。「完璧でなくてもいい」と、自分に優しくなってあげましょう。**慣れるまでは、抜けるところから手を抜いていく。**そのようなスタンスでよいと思います。

回答
坂上 裕子さん

✿これから仕事に復帰するママたちへ

復帰後、急にパパと家事や育児をシェアするとなると、時間もなくバタバタと忙しいときに細かいポイントをパパに教えなければならず、精神的にも余裕がなくなってしまいます。**できれば育休中から、少しずつパパにも家事や育児のポイントを共有しておきましょう。**ひとりで抱え込まないようにすることが一番のポイントです。

回答
すくすく子育て

支えてくれる人、支えになるサービスを考えておく

いろいろな人に支えてもらい、積極的にサービスを利用しましょう。

・どんなときに、どんな支えが必要かを予測しておく。
・支えてくれる人は、どのぐらいいるか考えておく。
・行政・民間の支えになるサービスを調べておく。

パパやママ友など、みんなに頼って助けてもらい、一緒に子育てをするイメージで考えてみましょう。サービスには、ファミリーサポート、宅配サービス、家事代行などもあります。費用はどれぐらいか、どこに頼めばよいのか、緊急の場合はどうするのかなど、事前に夫婦で調べておき、将来への投資だと考えてサービスを利用しましょう。

回答
大沢 真知子さん

これが知りたい！

仕事や家事をしつつ、子どもとの時間も作りたい。こんな中、ママの生活リズムを整えるには？

2018年1月6日放送より

専業農家を営んでいて、私は自宅で事務を担当しています。午前中は仕事や家事に追われ、気がついたらお昼。午後には長女が幼稚園から帰ってきて、子どもたちと一緒に過ごす時間を持ちます。その時間をとるためにたまった仕事で徹夜をすることもあります。睡眠時間が少ないと、イライラしやすくつかれてしまいます。子どもたちが騒ぐと怒ってしまうこともあります。忙しすぎて、子どもにしっかり向き合えません。仕事や家事をこなしつつ、自分の生活リズムを整えるにはどうすればよいのでしょう。

（3歳6か月・女の子、1歳11か月・女の子のママ）

自分の生活リズムを整えたい

マンガ：鳥頭ゆば

専門家のお答え!

家での仕事は、ひとりで全てを抱え込んでしまいがち。どうすれば自分にゆとりが持てるかを考えて。

✿子どもが小さい時期は今だけ。夫婦で話し合いを

家で仕事をする場合、子育てや家事と仕事の区分けがつかなくなり、ひとりで全てを抱え込んでしまいがちです。ひとりで全てをこなし、時間を融通するのではなく、どうすれば自分にゆとりが持てるかを考えてください。

例えば、忙しい午前中など、誰かに助けて欲しい時間帯があれば、地域のサービスを利用しましょう。パパは自営業ですので、会社勤めの方よりは育児時間を組めるかもしれませんが、自分が頑張らないといけないというプレッシャーがあって、バランスをとるのが難しいかもしれません。でも、子どもが小さい時期はずっとではありません。ママだけに任せることでもありません。今、ママがつかれていると思うとき、どのようにサポートできるか、時間をとれるかを夫婦で話し合うことは家族のこれからにとって大事なことです。

ママの「私がなんとかしたい」という心構えは素敵ですが、だからこそ頑張り過ぎてしまいます。頑張り過ぎたところを、パパや地域のいろいろな人に助けを求めてもダメなお

回答
井桁 容子さん

母さんにはなりません。**お子さんが健康に育つために、いろいろな人の力を借りるのが子育てです。ひとりで頑張ることではありません。**ママの心の安定は、家族にとっても大事なこと。ママがつかれているときは、パパはどうすればママの気持ちを楽にしてあげられるかを考えて行動してください。

ママが「ちょっと待っててね」と言って、子どもに負担をかけているかもしれないと気づけるのは、立派なことだと思います。「ちょっと待って」の前に、お子さんと本気で遊ぶ時間を少し持ちましょう。子どもたちは意外と充電がきくのです。全てが中途半端にならないように、しっかりと切り替えて、子どもたちと遊ぶときは思い切り遊んで、仕事をするときは「待っててね」と伝えましょう。

また、**子どもにとって、定期的に家族以外の人と楽しく遊べる場所があるのは幸せなことです。**一時預かりや保育園なども、自分の都合で預けると思うと罪悪感につながるかもしれませんが、ママが大変だからではなく、子どもが地域の人やいろいろな人にふれあい、思う存分遊べる貴重な時間だと積極的に考えましょう。

これが知りたい！

はじめての育児と慣れない土地。今は、地域で家族のように子どもたちを見守っています。

結婚前は幼稚園の先生でした。結婚後に島に移り住みましたが、知り合いがおらず、はじめての育児と慣れない土地に不安がありました。「幼稚園の先生だから」という周囲の期待を勝手に感じて自分を追い詰め、次男が生まれると、二人の子育てでさらにイライラするようになりました。

長男の幼稚園入園で、心の余裕が生まれました。そして、同じ幼稚園のママが「家族で一緒に遊ぼう」と声をかけてくれました。それまでママ友は必要ないと考えていましたが、私の子どもをほかのママが褒めてくれ、自分でも気づかなかった子どもの良いところを客観的に教えてもらえる。子どもが悪いことをしたら、ママたちが叱ってくれる。それで気持ちが楽になりました。今では、ひとりで抱えていた心配ごともママ友に話せるようになり、まるで家族のようにみんなで子どもたちを見守っています。本音で語りあえる仲間が心の支えです。

2018年11月24日放送より

ママ友はいらない！ と思っていたけれど……

マンガ：内野こめこ

専門家のお答え!

まず自分自身を大事にして人とのつながりを増やすこと。そうすれば、子育ては今よりもラクになり、楽しくなります。

回答
大日向 雅美さん

✿子どもを愛する基本は、親が自分を大事にすること

親になるとはどういうことなのか、この方の悩みにはいろいろなメッセージがこめられていると思います。

幼稚園の先生ということですから、学校や職場で子どもとの関わり方を学んできて、子どもに寄り添える自信もあったことでしょう。でも、実際に子どもが産まれてみると、専門的な子育ての知識を総動員しても、現実は全く思い通りにならない。

でも、子どもが入園して、子どもと離れる時間ができたことで、結果的に少し自分を取り戻せた。その後、ママ友が関わってくれるようになり、さらに距離感ができ、子どもを客観的に見ることもできるようになりましたね。そして、自分の生活を取り戻すことができた。自分を大事にするための時間と心のゆとりができたわけです。

親となって子どもを愛することの基本は、まず自分自身の人生と生活の足場をしっかりと持ち、大事にする。そして、その中に新たに子どもを大切な仲間として加えることなのだと思います。

✿母親が孤立して子育てした経験は人類の歴史にはない

これまでの人類の歴史の中で、母親が朝から晩まで子どもと向き合って、孤立して子育てをした経験はありません。これまでは、常に集団で子育てをしていたことがわかってきています。子育ては、いつも子どもが中心となるので、とてもストレスがたまる営みでもあります。ストレスを吐き出せないでいると、どうしても子どもに向かってしまう。だから、上手にストレスを発散しないといけません。**一番簡単な方法は、人と話をしたり、笑い合ったりすることです。**

このケースでは、ママ友が他のお子さんまで叱ることができる、とても良い関係ができています。ここまでの関係を作るのは大変だと思いますが、現代でも人のつながりによって子育てはラクになり、楽しくなるのだと改めて教えられました。

回答
汐見 稔幸さん

おわりに

この本で紹介されたひとつひとつのエピソードは、ママたちの懺悔や反省のように見えるかもしれません。しかし、本質は全く違います。育児のつらさは、ママたちのせいではありません。子育てを孤独にしてしまっている社会の問題です。「子育てがつらい」という告白は、愚痴ではなく、社会への提言の第一歩なのです。

ちょうどこの本の編集が終わる頃、ＮＨＫ Ｅテレ『すくすく子育て』の収録がありました。テーマは『子育て中に感じる孤独』でした。

スタジオで、「夫が家事も子育ても一切せず、大変さも理解してもらえない」というつらさを語ってくださったある女性に、私はこのように伝えました。

「夫を変えるためには、まずあなたが伝え続けることをあきらめない強さを持つことです。そのために何ができるかを考えましょう。夫が個人的に悪いわけでもあなたが弱いわけでもありません。そういう働き方をさせている日本の社会、それを是としてきた文化、それらと闘うということです。あなたが社会を変える一つの原点となるのです。これは、文化をつくり変える闘いです。そして、どうか忘れないで。同じ思いを持つ人はたくさんいます。テレビを見て頷いているママたちもいる。あなたはひとりではありません」

そのとき、その女性はキリッと背筋を伸ばし、目を輝かせてこう言いました。

「私、文化をつくり変える戦いの主役なんですね」

あの言葉は本当に力強かった。これは、『すくすく』の30年の成果だと思いました。

『すくすく子育て』という子育て番組は、1992年、『すくすく赤ちゃん』から始まりました。『すくすくネットワーク』『すくすく子育て』とタイトルを変え、30年近くが経っています。その間、社会は少しずつ変わってきました。

「子育て支援」という言葉がまだ存在しなかった70年代、母親たちは追い詰められていました。しかし、「つらい」とは言えませんでした。社会も言わせなかった。

しかし、90年代から行政も重い腰を上げ、ようやく「子育て支援」に取り組みはじめました。子育てひろばが少しずつ増え、子育て支援員という制度も整い、子どもを預け、気軽に子育ての相談もできるようになりました。「妊娠期からの切れ目ない子育て支援」を掲げ、行政の様々な連携もようやく動き出しています。

それでも、子育てはある意味、当時以上に大変になっています。制度としての子育て支援は整っても人々の意識など課題は山積。子育て中の孤独感はますます強まるばかり。

今必要なことは、つらいことを「つらい」と表現すること、この社会の不正義に対して、「これはおかしい!」としっかりと声を上げることです。

ともすると、「私が至らないから」「私の覚悟が足りないから」「私の我慢が足りないから」と、内罰的になってしまいがちです。これまでは、反省や謙虚という言葉でオブラートに包んできました。もちろんそれが必要なときもあるでしょう。でも、それだけではない。これだけ多くのママたちが同じ悩みを抱えているということは、やはり社会で解決しなければならない問題です。

今、ようやく、そのスタートラインに立つことができたのだと心強く思います。
私たちは、次のステージの幕を開けなければいけない。

私たち人間は、いつでもそのような力強さを持っているわけではありません。もう何も考えられない、身動きが取れないと落ち込むこともあるでしょう。

本当につらいときは、大丈夫なふりをしたり、明るく振舞ったり、力強く立ち上がろうと頑張ったりしないで。ときには海の底に沈むように、うずくまって徹底的に悩み抜く。うずくまることを自分に認めてあげて。徹底的にうずくまり、心おきなく涙を流した人間は、浮力で自然に浮き上がってくるはずです。

そして水面に顔が出たとき、周りからの声が聞こえてきます。あなたのために差し出された手を掴むことができる。そして、そこから這い上がったとき、あなたはスタートラインに立つことができるのです。自分の苦しさを見つめて声を上げたとき、社会が変わるんだと信じてほしいと心から思っています。

今、ママたちは声を上げ始めている。社会も変わり始めている。あなたはひとりではありません。
皆で力を合わせて社会を変えていきましょう。

これからのママたち、そして、子どもたちのために。

大日向　雅美

専門家プロフィール（敬称略）

大日向 雅美

恵泉女学園大学 学長／発達心理学

専門は発達心理学。子どもだけでなく、子育てに悩むパパ・ママの心理にも詳しい。東京都港区の子育てひろば「あい・ぽーと」の施設長。

青木 紀久代

真生会 心理社会福祉研究所 所長／発達臨床心理学

子どもの発達と子育て支援に関する実践と研究を行っている。

*

井桁 容子

保育士

日本保育協会保育実践研究企画・審査委員を務める。

大沢 真知子

日本女子大学 教授／労働経済学

労働経済学が専門で働き方と家族や個人のあり方について研究している。

大豆生田 啓友

玉川大学 教授／乳幼児教育学

幼稚園教諭の経験も。幼児教育・保育や子育て支援の実践研究を行う。

倉石 哲也

武庫川女子大学 文学部心理・社会福祉学科 教授／臨床福祉学

専門は臨床福祉学、ソーシャルワーク、児童家庭福祉。子どもの心のケアについて研究している。阪神淡路大震災の折も、子どもたちの心のケアにあたった。

坂上 裕子

青山学院大学 教育人間科学部 准教授／発達心理学

専門は発達心理学。子育ち支援、子育て支援の活動をしながら、子どもの社会情緒的発達や親子関係について研究している。

汐見 稔幸

東京大学 名誉教授／教育学

専門は教育学、教育人間学、育児学。三人の子どもの育児経験から、父親の育児参加を積極的に呼びかけている。

田中 俊之

大正大学 心理社会学部 准教授／男性学

男性が男性だから抱えてしまう悩みや葛藤を対象とした学問「男性学」を研究している。

水無田 気流

國學院大学 教授／社会学

社会学の視点から現代のママ、パパが抱える問題を分析している。

STAFF
装丁・本文デザイン●吉村朋子
編集●太田美由紀
DTP●富宗治
協力●NHKエデュケーショナル
マンガ執筆●あきばさやか
内野こめこ
がみ
さくらいけいこ
鳥頭ゆば
はしあさこ
ぴよととなつき
もづこ
んぎまむ
イラスト●シラキハラメグミ

お問い合わせ

本書の内容に関する質問は、下記のメールアドレスまで、書籍名を明記のうえ書面にてお送りください。電話によるご質問には一切お答えできません。また、本書の内容以外についてのご質問についてもお答えすることができませんので、あらかじめご了承ください。

メールアドレス：
pc-books@mynavi.jp

親って大変！ 私たちの子育て手帖
NHK Eテレ番組『すくすく子育て』公式

2019年8月28日　初版1刷発行

著者　NHK『すくすく子育て』制作班編
発行者　滝口直樹
発行所　株式会社マイナビ出版
〒101-0003　東京都千代田区一ツ橋2-6-3　一ツ橋ビル 2F
TEL：0480-38-6872（注文専用ダイヤル）
TEL：03-3556-2731（販売部）
TEL：03-3556-2736（編集部）
編集部問い合わせ先：pc-books@mynavi.jp
URL：https://book.mynavi.jp

印刷・製本　株式会社図書印刷

ISBN978-4-8399-6931-8